"十四五"职业教育国家规划教材

汽车构造
（第2版）

主 编 简玉麟
副主编 张生强 马生贵 张 晶

北京理工大学出版社
BEIJING INSTITUTE OF TECHNOLOGY PRESS

内 容 简 介

本书依据教育部汽车类相关专业教学标准和交通行业职业标准编写而成，结合汽车维修企业生产实践，力求体现以人为本的现代理念，从交通行业岗位群的知识和技能要求出发，注重培养学生实践操作能力。

本书内容主要包括汽车发动机、汽车传动系统、汽车行驶系统、汽车转向系统、汽车制动系统、汽车车身和汽车电器，共计 7 大课题 35 个任务。

本教材以汽车各组成部件的作用、安装位置、类型和简单工作原理为引导，辅助图片说明，整体结构循序渐进，直观明了，充分考虑中等职业院校学生知识接受的发展规律，便于学生学习理论、掌握理论。

版权专有　侵权必究

图书在版编目（CIP）数据

汽车构造 / 简玉麟主编 . —2 版 . —北京：北京理工大学出版社，2023.7 重印
ISBN 978-7-5682-7736-5

Ⅰ . ①汽⋯　Ⅱ . ①简⋯　Ⅲ . ①汽车－构造－岗位培训－教材　Ⅳ . ① U463

中国版本图书馆 CIP 数据核字（2019）第 243098 号

出版发行 / 北京理工大学出版社有限责任公司	
社　　址 / 北京市海淀区中关村南大街 5 号	
邮　　编 /100081	
电　　话 /（010）68914775（总编室）	
（010）82562903（教材售后服务热线）	
（010）68944723（其他图书服务热线）	
网　　址 / http：//www.bitpress.com.cn	
经　　销 / 全国各地新华书店	
印　　刷 / 定州市新华印刷有限公司	
开　　本 / 787 毫米 × 1092 毫米　1/16	责任编辑 / 陆世立
印　　张 / 12.5	文案编辑 / 陆世立
字　　数 / 286 千字	责任校对 / 周瑞红
版　　次 / 2023 年 7 月第 2 版第 5 次印刷	责任印制 / 边心超
定　　价 / 41.00 元	

图书出现印装质量问题，请拨打售后服务热线，本社负责调换

前言 PREFACE

党的二十大报告指出："我们提出并贯彻新发展理念，着力推进高质量发展，推动构建新发展格局，实施供给侧结构性改革，制定一系列具有全局性意义的区域重大战略，我国经济实力实现历史性跃升。"报告还指出："坚持把发展经济的着力点放在实体经济上，推进新型工业化，加快建设制造强国、质量强国、航天强国、交通强国、网络强国、数字中国。"汽车工业是国民经济的战略性、支柱性产业。据统计，2021年，我国汽车产销分别完成2 608.2万辆和2 627.5万辆，同比分别增长3.4%和3.8%，汽车产销总量已经连续13年位居全球第一。为了更好地满足交通运输业科学发展的需要，全面落实立德树人，坚持"五育"并举教育。这给汽车维修业带来了极大的机遇和挑战，同时也对汽车维修人员的技术水平提出了更高、更新的要求。

本教材针对职业教育的特点和规律，紧紧围绕高素质技能型人才的培养目标，以能力为本位，以工作过程为导向，以职业活动为主线，本教材结构合理、层次清晰，将汽车构造的基本知识直观、具体、形象、生动地展现出来，并且配备了汽车构造的大量结构图与实物图，更加有利于学生认知和学习。

全书共分为7大课题35个任务：汽车发动机、汽车传动系统、汽车行驶系统、汽车转向系统、汽车制动系统、汽车车身和汽车电器。对于学生难于理解的汽车零部件结构原理配备大量的图示说明，使学生按图索骥，更容易对其理解和掌握，从而高质量地完成学习任务。

本教材在内容编写上具有以下特点：

1. 教材设计符合职业教育理念。本教材以就业为导向，强化文化基础教育和技术技能培养，符合高素质中、初级汽车专业使用人才培养需求。

2. 直观性。以彩色简图、原理图、解剖图、分解图等形式详细介绍汽车组成系统、总成和零部件，使复杂的汽车结构、原理一目了然。

3. 系统性。按照汽车结构特点编写，与目前典型的汽车构造教材内容顺序相对应，便于学习汽车结构与原理。

4. 通俗性。本书以图解形式讲述汽车的结构和工作原理，零起点，即使无任何基础也能一看就懂，通俗直观，易于掌握。

5.教材组织架构循序渐进。根据中职学生身心发展规律及在日常学习中对于接受知识和理解知识的思维习惯，对汽车结构各部件的任务实例进行系统化的讲解和演示。

6.教材内容实用简练。文字简练、脉络清晰、版式新颖，理论阐述言简意赅，遵循"必需""够用"原则，但仍保证知识体系相对完整

7.线上线下资源一体化。由上海景格科技股份有限公司和长沙市博信教育科技有限公司匹配大量的视频教学资源，教材内容与线上教学资源（教案、教学课件、视频）一体化。通过以上要素有机结合，优化教学效果，打造高效课堂。

本教材由武汉市交通学校简玉麟担任主编，武汉市交通学校张生强、马生贵、张晶担任副主编。

本教材可供职业学校汽修专业学生使用，也可作为汽车相关专业学生的参考用书。

限于编者经历和水平，教材内容难以覆盖全国各中等职业院校的实际情况，希望各学校在选用和推广本系列教材的同时，注重经验总结，及时提出修改意见和建议，恳请读者不吝指正。

编　者

目录 CONTENTS

课题一　汽车发动机 … 1

- 任务一　汽车发动机基础知识 … 2
- 任务二　机体组 … 13
- 任务三　曲柄连杆机构 … 18
- 任务四　配气机构 … 22
- 任务五　进排气系统 … 26
- 任务六　燃料供给系统 … 29
- 任务七　点火系统 … 34
- 任务八　润滑系统 … 37
- 任务九　冷却系统 … 41
- 任务十　起动系统 … 45

课题二　汽车传动系统 … 49

- 任务一　传动系统的功能、组成和种类 … 50
- 任务二　离合器 … 52
- 任务三　变速器与分动器 … 56
- 任务四　万向传动装置 … 77
- 任务五　驱动桥 … 80

课题三　汽车行驶系统 … 85

- 任务一　悬架 … 86
- 任务二　车架 … 90
- 任务三　车桥 … 91
- 任务四　车轮与轮胎 … 93

课题四　汽车转向系统 … 95

- 任务一　转向系统的组成和类型 … 96
- 任务二　转向操纵机构 … 98
- 任务三　转向器 … 99
- 任务四　转向传动机构 … 102

任务五　转向助力系统 ·· 105

课题五　汽车制动系统 ··· **108**
　　任务一　制动系统的功能、分类和组成 ·································· 109
　　任务二　制动器 ··· 111
　　任务三　制动传动机构 ·· 115
　　任务四　制动防抱死装置（ABS） ···································· 122

课题六　汽车车身 ·· **125**
　　任务一　车身壳体、车前板制件及车门、车窗 ···························· 126
　　任务二　车身附属装置及安全防护装置 ································· 130

课题七　汽车电器 ·· **137**
　　任务一　汽车电源 ··· 138
　　任务二　汽车车身附属电器 ··· 151
　　任务三　汽车电动辅助装置 ··· 162
　　任务四　汽车空调系统 ·· 172
　　任务五　汽车音响系统 ·· 189

参考文献 ··· **193**

课题一

汽车发动机

[知识目标]

1. 掌握汽车发动机的基本组成及各部件功用。
2. 了解汽车发动机的基本分类及类型。
3. 掌握汽油发动机的工作原理。
4. 了解汽油发动机与柴油发动机工作原理的区别。

[技能目标]

能够正确描述汽车发动机的基本构造。

素养目标

1. 树立"车行千里路不偏,人行万里身要正"的观念。
2. 明确汽车发动机的结构、材料和工艺方面的特殊要求,深刻意识到行业前辈们精益求精的工匠精神。

任务一　汽车发动机基础知识

一、发动机整体结构

发动机是给汽车提供动力的部件，是汽车的核心总成，其外观剖视图如图 1-1 所示。它先将燃料燃烧，使燃料的化学能转化成热能，然后转变为机械能并输出。目前，汽车上广泛使用的发动机是往复活塞式四冲程的内燃式发动机。

随着科学技术的进步，尤其是电子技术的发展，汽车发动机已经由最原始的机械总成演变成机电一体化总成，目前大多数发动机不但包括多种电子控制系统（如电子点火系统、电子节气门控制系统），而且还通过 CAN 网络技术与其他控制系统（如巡航控制系统、ABS 防抱死控制系统和车身控制系统等）相连，实现了全车智能化。

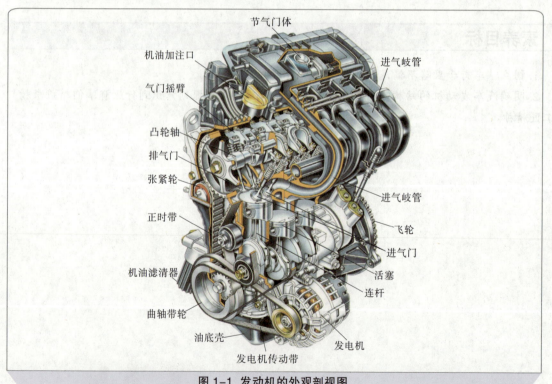

图 1-1　发动机的外观剖视图

二、发动机的分类

内燃机的分类方法有很多种，按照不同的分类方法可以把内燃机分成不同的类型，下面让我们来看看内燃机是怎样分类的。

1. 按照所用燃料分类

如图 1-2 所示，内燃机按照所使用燃料的不同可以分为汽油机和柴油机。以汽油为燃料的内燃机称为汽油机；以柴油为燃料的内燃机称为柴油机。汽油机与柴油机各有特点：汽油机转速高，质量小，噪声小，起动容易，制造成本低；柴油机压缩比大，热效率高，经济性能和排放性能都比汽油机好。

2. 按照行程分类

如图 1-3 所示，内燃机按照完成一个工作循环所需的行程数可分为四行程内燃机和二行程内燃机。把曲轴转两圈（720°），活塞在气缸内上下往复运动四个行程，完成一个工作循环的内燃机称为四行程内燃机；而把曲轴转一圈（360°），活塞在气缸内上下往复运动两个行程，完成一个工作循环的内燃机称为二行程内燃机。汽车发动机广泛使用四行程内燃机。

图 1-2 按照所用燃料分类

（a）汽油机；（b）柴油机

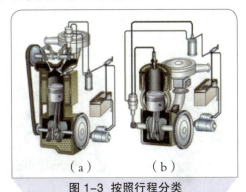

图 1-3 按照行程分类

（a）四行程内燃机；（b）二行程内燃机

3. 按照冷却方式分类

如图 1-4 所示，内燃机按照冷却方式不同可以分为水冷发动机和风冷发动机。水冷发动机是利用在气缸体和气缸盖冷却水套中进行循环的冷却液作为冷却介质进行冷却的内燃机；而风冷发动机是利用流动于气缸体与气缸盖外表面散热片之间的空气作为冷却介质进行冷却的内燃机。水冷发动机冷却均匀，工作可靠，冷却效果好，广泛应用于现代汽车中。

图 1-4 按照冷却方式分类

（a）风冷发动机；（b）水冷发动机

4. 按照气缸数目分类

内燃机按照气缸数目不同可以分为单缸发动机和多缸发动机（见图1-5）。仅有一个气缸的发动机称为单缸发动机；有两个及两个以上气缸的发动机称为多缸发动机，如双缸、三缸、四缸、五缸、六缸、八缸、十二缸发动机等都是多缸发动机。现代汽车多采用四缸、六缸和八缸发动机。

图1-5 多缸发动机

5. 按照气缸排列方式分类

如图1-6所示，内燃机按照气缸排列方式不同可以分为单列式和双列式。单列式发动机的各个气缸排成一列，一般是垂直布置的，但为了降低高度，有时也把气缸布置成倾斜的甚至水平的；双列式发动机把气缸排成两列，两列之间的夹角小于180°（一般为90°），称为V型发动机，若两列之间的夹角为180°，则称为对置式发动机。

图1-6 按照气缸排列方式分类

（a）V型；（b）W型；（c）水平对置式；（d）直列式

6. 按照进气系统是否采用增压方式分类

内燃机按照进气系统是否采用增压方式可以分为自然吸气（非增压）式发动机和强制进气（增压）式发动机（见图1-7）。汽油机常采用自然吸气式；为了提高功率，有的柴油机采用增压式。

三、发动机的基本构造

1. 曲柄连杆机构

汽车发动机总成概述

图1-7 增压发动机

如图1-8所示，曲柄连杆机构是发动机实现工作循环、完成能量转换的主要运动部件。它由机体组、活塞连杆组和曲轴飞轮组等组成。在做功行程中，活塞承受燃气压力，在气缸内做直线运动，通过连杆转换成曲轴的旋转运动，并由曲轴对外输出动力。而在进气、压缩和排气行程中，飞轮释放能量，又把曲轴的旋转运动转化成活塞的直线运动。

2. 配气机构

配气机构如图1-9所示，其功用是：根据发动机的工作顺序和工作过程定时开启和关闭进气门和排气门，使可燃混合气或空气进入气缸，并使废气从气缸内排出，实现换气。配气机构大多采用顶置气门式，一般由气门组、气门传动组和气门驱动组构成。

图1-8 曲柄连杆机构

图1-9 配气机构

3. 燃料供给系统

燃料供给系统如图1-10所示，一般分为汽油机燃料供给系统和柴油机燃料供给系统。

（1）汽油机燃料供给系统的功用

汽油机燃料供给系统的功用是根据发动机的要求配制出一定数量和浓度的混合气，供入气缸，并将燃烧后的废气从气缸中排出。

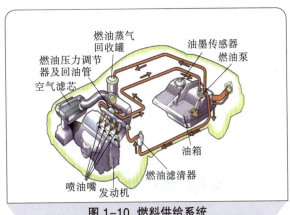

图1-10 燃料供给系统

（2）柴油机燃料供给系统的功用

柴油机燃料供给系统的功用是把柴油和空气分别供入气缸，在燃烧室内形成混合气并燃烧，最后将燃烧后的废气排出。

4. 润滑系统

润滑系统的功用是向做相对运动的零件表面输送定量的清洁润滑油，以实现液体摩擦、减小摩擦阻力、减轻机件的磨损，并对零件表面进行清洗和冷却。润滑系统通常由润滑油道、机油泵、机油滤清器和一些阀门等组成，如图1-11所示。

课题一 汽车发动机

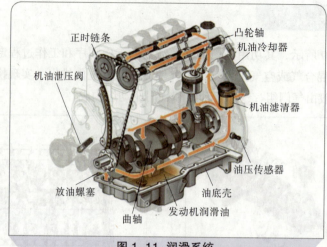

图 1-11 润滑系统

5. 冷却系统

冷却系统如图 1-12 所示,其功用是将受热零件吸收的部分热量及时散发出去,保证发动机在最适宜的温度状态下工作。水冷发动机的冷却系统通常由冷却水套、水泵、风扇、水箱和节温器等组成。

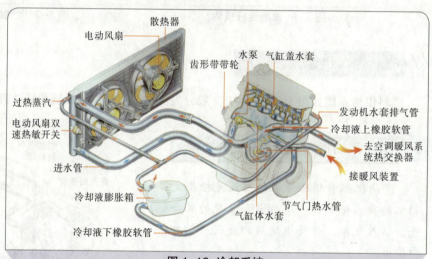

图 1-12 冷却系统

6. 点火系统

在汽油机中,气缸内的可燃混合气是靠电火花点燃的,因此在汽油机的气缸盖上装有火花塞,火花塞头部伸入燃烧室内。能够按时在火花塞电极间产生电火花的全部设备称为点火系统。点火系统通常由蓄电池、发电机、点火线圈(分电器)和火花塞等组成。

7. 起动系统

要使发动机由静止状态过渡到工作状态,必须先用外力转动发动机的曲轴,使活塞做往复运动,气缸内的可燃混合气燃烧膨胀做功,推动活塞向下运动使曲轴旋转,发动机才能自行运转,工作循环才能自动进行。因此,将曲轴在外力作用下开始转动到发动机开始自动地怠速运转的全过程称为发动机的起动。完成起动过程所需的装置,称为发动机的起动系统。

（1）汽油机的两大机构和五大系统

汽油机的两大机构为曲柄连杆机构和配气机构；汽油机的五大系统为燃料供给系统、润滑系统、冷却系统、点火系统和起动系统。

（2）柴油机的两大机构和四大系统

柴油机的两大机构为曲柄连杆机构和配气机构；柴油机的四大系统为燃料供给系统、润滑系统、冷却系统和起动系统。因为柴油机是压燃的，所以不需要点火系统。

四、发动机常用术语

发动机常用术语如图 1-13 所示。

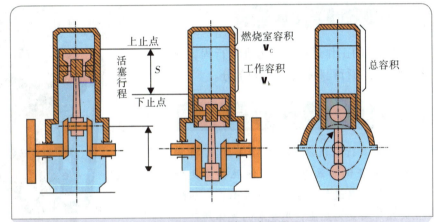

图 1-13 发动机常用术语图示

（1）上止点

上止点是指活塞在气缸内做往复运动时，活塞顶部距离曲轴旋转中心最远的位置。

（2）下止点

下止点是指活塞在气缸内做往复运动时，活塞顶部距离曲轴旋转中心最近的位置。

（3）冲程/行程

活塞从一个止点到另一个止点移动的距离，称为活塞行程或活塞冲程。

（4）气缸工作容积

活塞从一个止点运动到另一个止点所扫过的容积，称为气缸工作容积。

（5）燃烧室容积

活塞位于上止点时其顶部与气缸盖之间的容积，称为燃烧室容积。

（6）排量

多缸发动机各缸工作容积的总和，称为发动机排量。

五、发动机的工作原理

1. 四行程汽油机

汽油机的工作过程可分为进气行程、压缩行程、做功行程和排气行程四部分。

（1）四行程汽油机的工作原理

单缸四行程汽油机（见图1-14）将空气与汽油经化油器以一定比例混合成良好的混合气，在进气行程被吸入气缸，经压缩点火燃烧而变为热能，燃烧后的气体所产生的高温高压作用于活塞顶部，推动活塞做直线运动，同时通过连杆、曲轴、飞轮机构变为旋转的机械能，对外输出功。

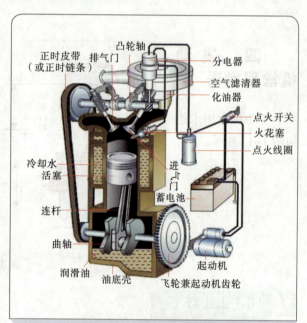

图1-14 单缸四行程汽油机

（2）四行程汽油机的工作过程

如图1-15所示，四行程汽油机通过进气、压缩、做功和排气四个行程完成一个工作循环，然后又是进气、压缩……周而复始、连续不断，这就是四行程汽油机的工作过程。

在活塞的四个行程中，仅一个行程是做功的，其他三个行程都不做功。

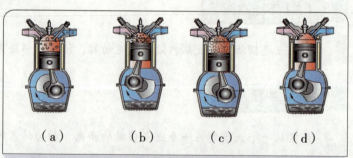

图1-15 四行程汽油机的工作过程
（a）进气行程；（b）压缩行程；
（c）做功行程；（d）排气行程

（3）四行程汽油机各个行程的工作情况

1）进气行程

在进气行程开始时，活塞位于上止点，进气门开启，排气门关闭。曲轴转动，活塞从上止点向下止点移动，活塞上方容积增大，压力降低，可燃混合气在压力差作用下进入气缸。

2）压缩行程

在压缩行程开始时，进、排气门关闭，活塞从下止点向上止点移动，活塞上方容积缩小，压缩混合气，使其压力和温度升高到易燃的程度。

3）做功（爆发）行程

在做功行程中，进、排气门仍然关闭，当压缩接近终了时，火花塞发出电火花，点燃混合气做功。

4）排气行程

在排气行程开始时，进气门仍关闭，排气门开启，使活塞由下止点向上止点移动，把燃烧后的废气挤出气缸。

由此可见，曲轴转动两周时，发动机完成了四行程的一个循环：进气、压缩、做功、排气，就这样周而复始连续不断地工作。

化油器式汽油机的充气及混合气分配不能得到理想控制，对于提高其动力性、经济性以及改善废气排放都有一定的局限，但应运而生的汽油直接喷射系统却很好地解决了这些问题。

2. 四行程柴油机

（1）柴油机与汽油机的不同点

柴油机的特点：燃料为柴油；压燃式结构，无化油器和火花塞；柴油机吸入气缸的为纯净空气，柴油由喷油泵和喷油器直接喷入气缸，与压缩后的高温空气混合并进行自燃。

喷油泵和喷油器是柴油机燃料供给系统中最为重要的部件。单缸四行程柴油机如图1-16所示。

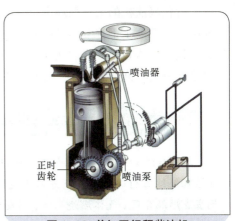

图1-16 单缸四行程柴油机

（2）四行程柴油机的工作原理

每个工作循环都经历进气、压缩、做功、排气四个行程，如图1-17所示。燃料是柴油，由于其黏度比汽油大，不易蒸发，自燃温度低，所以点火方式是压燃式。进气和压缩行程中都是纯空气，其压缩比比汽油机高得多（一般为16～22），压缩终了时，气缸内的空气压力可达3.5～4.5 MPa，同时温度大大超过了柴油自燃温度，故柴油喷入气缸后，在很短时间内与空气混合，然后立即自行发火燃烧。在高压气体推动下，活塞向下运动并带动曲轴旋转而做功，废气同样经排气门排入大气。

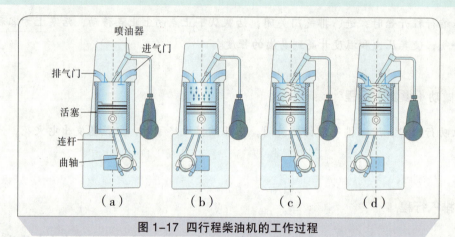

图1-17 四行程柴油机的工作过程

（a）进气行程；（b）压缩行程；（c）做功行程；（d）排气行程

无论是货车柴油机还是轿车柴油机，对柴油的净化程度要求都很高，这是因为喷油泵中的柱塞与套筒、出油阀中的针阀与阀座都是精密偶件，配合精度要求很高，一旦燃油中混入机械杂质，不仅会加剧机械磨损，甚至会使其丧失机械工作能力，所以柴油中不应含有机械杂质和水分。

3. 二行程汽油机

二行程汽油机的工作循环由进气、压缩、燃烧膨胀、排气过程组成，但它是在曲轴旋转一圈（360°），活塞上下往复运动的两个行程内完成的。因此，二行程发动机的工作原理与四行程发动机不同，结构也不一样。例如曲轴箱换气式二行程汽油机，气缸上有三排孔，就是利用这三排孔分别在一定时刻被活塞打开或关闭进行进气、换气和排气的。

（1）二行程汽油机的工作原理

二行程汽油的工作过程如图1-18所示，活塞向上运动，将三排孔都关闭，活塞上部开始压缩，当活塞继续上行时，活塞下方的进气孔打开，可燃混合气进入曲轴箱，活塞接近上止点时，火花塞点燃混合气，气体燃烧膨胀，推动活塞向下运动，进气孔关闭，曲轴箱内的混合气受到压缩，当活塞接近下止点时，排气孔打开，排出废气，活塞再向下运动，换气孔打开，受到压缩的混合气便从曲轴箱经进气孔流入气缸内，并扫除废气。

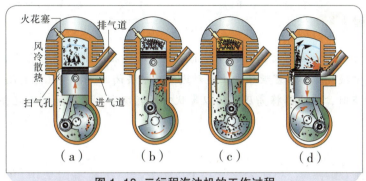

图 1-18 二行程汽油机的工作过程

（a）压缩；（b）进气；（c）燃烧；（d）排气

（2）二行程汽油机各个行程的工作情况

1）第一行程

活塞从下止点向上止点运动，事先已充满活塞上方气缸内的混合气被压缩，新的可燃混合气又从化油器被吸入活塞下方的曲轴箱内。

2）第二行程

活塞从上止点向下止点运动，活塞上方进行做功过程和换气过程，而活塞下方则进行可燃混合气的预压缩。

4. 二行程柴油机

二行程柴油机和二行程汽油机的工作原理类似，所不同的是，柴油机进入气缸的不是可燃混合气，而是纯空气。带有扫气泵的二行程柴油机的工作过程如图 1-19 所示。

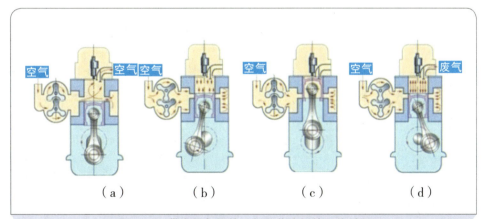

图 1-19 带有扫气泵的二行程柴油机的工作过程

（a）换气；（b）压缩；（c）燃烧；（d）排气

课题一 汽车发动机

1) 第一行程

活塞从下止点向上止点运动，行程开始前不久，进气孔和排气孔均已开启，利用从扫气泵流出的空气使气缸换气。当活塞继续向上运动进气孔被关闭时，排气孔也关闭，空气受到压缩，当活塞接近上止点时，喷油器将高压柴油以雾状喷入燃烧室，燃油和空气混合后燃烧，气缸内压力增大。

2) 第二行程

活塞从上止点向下止点运动，开始时气体膨胀，推动活塞向下运动，对外做功，当活塞下行到大约 2/3 行程时，排气孔开启，排出废气，气缸内压力降低，进气孔开启，进行换气，换气一直延续到活塞向上运动 1/3 行程，进气孔关闭结束。

任务二　机体组

发动机机体组包括气缸体、气缸套、气缸盖、气缸盖罩和油底壳等零件，如图 1-20 所示。

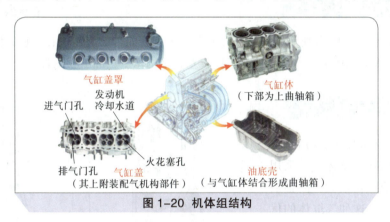

图 1-20　机体组结构

机体组的作用：发动机机体是发动机的装配基体，它支撑着发动机的运动件，其上安装有各种附件，并承受着发动机工作时产生的内、外作用力。因而机体必须有足够的强度，以承受在标定负荷甚至在一定超载负荷下的各种作用力；同时，它还要有足够的刚度，确保发动机在工作时各部分的变形小，且对于冷却液、润滑油和燃料有良好的耐腐蚀性。

一、气缸体

气缸体的结构

气缸体（见图 1-21）是发动机的基础骨架，它不仅要承受高温高压气体的作用力，而且要支撑安装在其上的发动机几乎所有的零件，因此气缸体应具有足够的强度和刚度。在正常使用情况下，气缸体一般不易损坏，但是也可能出于某些异常工况（如发动机失油、失水导致温度过高）出现裂纹、拱曲、击穿以及主轴承座孔变形等损坏。如果出现以上损坏情况，一般应更换气缸体。

水冷发动机的气缸体和上曲轴箱常铸成一体，称为气缸体—曲轴箱，也可简称为气缸体。气缸体一般用灰铸铁铸成，气缸体上部的圆柱形空腔称为气缸，下半部为支承曲轴的曲轴箱，其内腔为曲轴运动的空间。在

图 1-21　气缸体

气缸体内部铸有许多加强筋、冷却水套和润滑油道等。

气缸体应具有足够的强度和刚度,根据气缸体与油底壳安装平面的位置不同,通常把气缸体分为一般式、龙门式和隧道式三种形式。

1. 一般式气缸体

一般式气缸体如图1-22所示,其油底壳安装平面和曲轴旋转中心在同一高度。这种气缸体的优点是机体高度小,质量轻,结构紧凑,便于加工,曲轴拆装方便;缺点是刚度和强度较差。

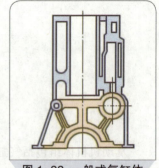

图1-22 一般式气缸体

2. 龙门式气缸体

龙门式气缸体如图1-23所示,其油底壳安装平面低于曲轴的旋转中心。它的优点是强度和刚度好,能承受较大的机械负荷;缺点是工艺性较差,结构笨重,加工较困难。

3. 隧道式气缸体

隧道式气缸体如图1-24所示,其曲轴的主轴承孔为整体式,采用滚动轴承,主轴承孔较大,曲轴从气缸体后部装入。这种气缸体的优点是结构紧凑,刚度和强度好;缺点是加工精度要求高,工艺性较差,曲轴拆装不方便。

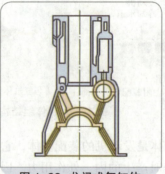

图1-23 龙门式气缸体

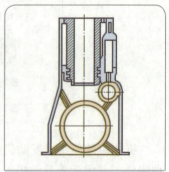

图1-24 隧道式气缸体

为了确保气缸内表面在高温下能正常工作,必须对气缸和气缸盖进行适当的冷却。冷却方法有两种,一种是水冷,另一种是风冷,如图1-25所示。

水冷发动机的气缸周围和气缸盖中都加工有冷却水套,并且气缸体和气缸盖冷却水套相通,冷却水在水套内不断循环,带走部分热量,对气缸和气缸盖起冷却作用。

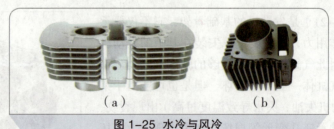

(a)　　　　　　　　(b)

图1-25 水冷与风冷
(a)水冷;(b)风冷

二、气缸套

将气缸直接镗在气缸体上叫作整体式气缸,整体式气缸强度和刚度好,能承受较大的载荷,这种气缸对材料要求高,成本高。如果将气缸制造成单独的圆筒形零件,则为气缸套,然后再将其装到气缸体内。气缸套采用耐磨的优质材料制成，则气缸体可用价格较低的一般材料制造，从而降低制造成本。目前，几乎所有的发动机都采用了镶入式气缸套，代替气缸体充当气缸的工作表面，同时，气缸套可以从气缸体中取出，因而便于修理和更换，还可大大延长气缸体的寿命。

气缸套根据是否与冷却水接触分为干式和湿式两种。

（1）干式气缸套的特点

干式气缸套如图1-26所示。气缸套装入气缸体后，其外壁不直接与冷却水接触，而和气缸体的壁面直接接触，壁厚较薄，一般为1～3 mm。它具有整体式气缸体的优点，强度和刚度都较好，但加工比较复杂，内、外表面都需要进行精加工，拆装不方便，散热不良。

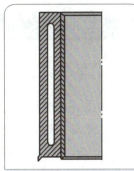

图1-26 干式气缸套

（2）湿式气缸套的特点

湿式气缸套如图1-27所示。气缸套装入气缸体后，其外壁直接与冷却水接触，气缸套仅在上、下各有一圆环地带和气缸体接触，壁厚一般为5～9 mm。它散热良好，冷却均匀，加工容易，通常只需要精加工内表面，而与水接触的外表面不需要加工，拆装方便，但强度、刚度都不如干式气缸套好，而且容易产生漏水现象，使用时应该采取一些防漏措施。

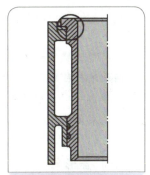

图1-27 湿式气缸套

三、气缸盖

气缸盖一般采用灰铸铁或合金铸铁铸成，铝合金的导热性好，有利于提高压缩比。气缸盖结构如图1-28所示。在正常情况下，气缸盖不属于易损件，但是会因发动机使用异常导致失油、失水而引起高温变形、产生裂纹等。气缸盖损坏时，一般应更换新的气缸盖。

图1-28 气缸盖

（1）气缸盖的结构特点

气缸盖安装在气缸体的上面，与上部的气缸盖罩盖密封气缸并构成燃烧室。由于它经常与高温高压燃气接触，所以承受很大的热负荷和机械负荷。气缸盖上还装有进、排气门座，气门导管孔，用于安装进、排气门及进气通道和排气通道等。

水冷发动机的气缸盖内部制有冷却水套，缸盖下端面的冷却水孔与缸体的冷却水孔相通，利用循环水来冷却燃烧室等高温部分。汽油机的气缸盖上加工有安装火花塞的孔，而柴油机的气缸盖上加工有安装喷油器的孔。顶置凸轮轴式发动机的气缸盖上还加工有凸轮轴轴承孔，用以安装凸轮轴。

气缸盖是燃烧室的组成部分，燃烧室的形状对发动机的工作影响很大，由于汽油机和柴油机的燃烧方式不同，所以其气缸盖上组成燃烧室的部分差别较大。

汽油机的燃烧室主要在气缸盖上，而柴油机的燃烧室主要在活塞顶部的凹坑处。

（2）汽油机燃烧室常见的三种形式

1）半球形

半球形燃烧室如图1-29所示，其结构紧凑，火花塞布置在燃烧室中央，火焰行程短，故燃烧速率高、散热少、热效率高。这种燃烧室在结构上允许气门双行排列，由于进气口直径较大，所以充气效率较高，虽然使配气机构变得较复杂，但有利于排气净化，在轿车发动机上被广泛采用。

2）楔形

楔形燃烧室如图1-30所示，其结构简单、紧凑，散热面积小，热损失也小，能保证混合气在压缩行程中形成良好的涡流运动，有利于提高混合气的混合质量，进气阻力小，充气效率高。气门排成一列，配气机构简单，但火花塞置于楔形燃烧室高处，火焰传播距离长。切诺基轿车发动机采用的就是这种形式的燃烧室。

3）盆形

盆形燃烧室如图1-31所示，其气缸盖工艺性好，制造成本低，但因气门直径易受限制，所以进、排气效果要比半球形燃烧室差。捷达轿车发动机、奥迪轿车发动机采用了盆形燃烧室。

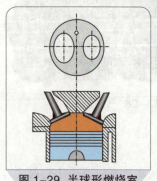

图1-29 半球形燃烧室

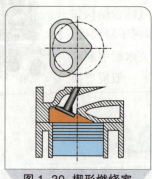

图1-30 楔形燃烧室

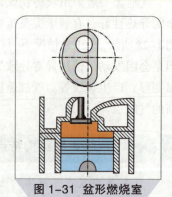

图1-31 盆形燃烧室

四、油底壳

气缸体下部用来安装曲轴的部位称为曲轴箱，曲轴箱分上曲轴箱和下曲轴箱。上曲轴箱与气缸体铸成一体，下曲轴箱用来储存润滑油，并封闭上曲轴箱，故又称为油底壳，如图1-32所示。

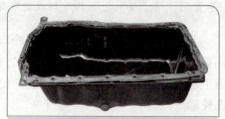

图1-32 油底壳

油底壳的结构特点：油底壳受力很小，一般采用薄钢板冲压而成，其形状取决于发动机的总体布置和机油的容量。油底壳内装有稳油挡板，以防止汽车颠动时油面波动过大。油底壳底部还装有放油螺塞，通常放油螺塞上装有永久磁铁，以吸附润滑油中的金属碎屑，减少发动机的磨损。在上、下曲轴箱接合面之间装有衬垫，以防止润滑油泄漏。

五、气缸垫

气缸垫（见图1-33）装在气缸盖和气缸体之间，其功用是：保证气缸盖与气缸体接触面的密封，防止漏气、漏水和漏油。

气缸垫的结构特点：气缸垫材料要有一定的弹性，能补偿接合面的不平度，以确保密封，同时要有较好的耐热性和耐压性，在

图1-33 气缸垫

高温高压下不烧损、不变形。目前应用较多的是铜皮—棉结构的气缸垫，由于铜皮—棉结构的气缸垫翻边处有三层铜皮，压紧时较之石棉不易变形。有的发动机还采用以在石棉中心用编织的钢丝网或有孔钢板为骨架，两面用石棉及橡胶黏结剂压成的气缸垫。

安装气缸垫时，首先要检查气缸垫的质量和完好程度，气缸垫上的所有孔都要和气缸体上的孔对齐；其次要严格按照说明书上的要求拧紧气缸盖螺栓。拧紧气缸盖螺栓时，必须由中央对称地向四周扩展的顺序分2～3次进行，最后一次拧紧到规定的力矩。

任务三　曲柄连杆机构

曲柄连杆机构是发动机产生动力和输出动力的主要部件，其功用是把燃气作用在活塞顶上的力转变为曲轴的扭矩，输出机械能。曲柄连杆机构由活塞连杆组和曲轴飞轮组两大部分组成。曲柄连杆机构如图1-34所示。

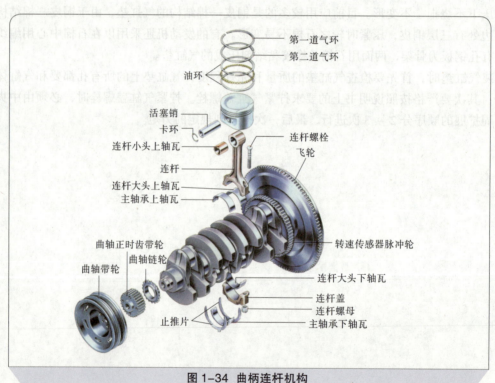

图1-34　曲柄连杆机构

一、活塞连杆组

活塞连杆组包括活塞、活塞环、活塞销、连杆和连杆轴等，如图1-35所示。其作用是：将燃烧过程中获得的动力传递给曲轴。

活塞连杆组组成概述

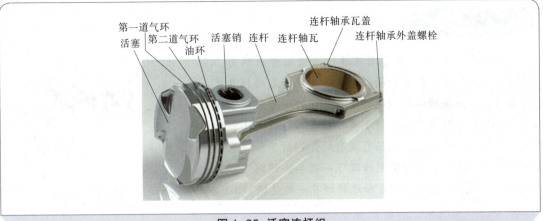

图 1-35 活塞连杆组

（1）活塞

活塞（见图 1-36）主要承受燃烧气体的作用力，并将此力通过活塞销传递给连杆以推动曲轴旋转；同时活塞顶部还与气缸盖、气缸壁共同构成燃烧室。活塞不仅要具有足够的强度，而且质量要轻、导热性要好，且耐磨、耐腐蚀。

图 1-36 活塞与活塞销

（2）活塞销

活塞销（见图 1-36）连接活塞和连杆，把活塞所承受的力传给连杆，因此活塞销要有足够的刚度和较轻的质量。活塞销的安装采用"全浮式"，即在发动机工作过程中，活塞销在连杆小头铜衬套内和活塞的销座孔内均能缓慢转动，这样可使磨损均匀，使用寿命延长。

（3）活塞环

活塞环分为气环和油环两种，如图 1-37 所示。

（a）　　　（b）

图 1-37 活塞环

（a）气环；（b）油环

1）气环

气环用来保证活塞与气缸壁之间的密封，防止气缸中的高温、高压燃气大量窜入曲轴箱，同时还将活塞顶部的大部分热量传给气缸壁，再由冷却水带走。

2）油环

油环可以刮掉气缸壁上多余的机油，并重新在气缸壁上涂一层均匀的油膜，这样既可防止机油窜入气缸燃烧，又可减小活塞、活塞环与气缸的磨损和摩擦阻力。捷达轿车发动机有两道气环和一道油环。

（4）连杆

连杆（见图1-38）接受活塞通过活塞销传来的力，并将该力传给曲轴，推动曲轴转动，从而使活塞的往复直线运动转变为曲轴的旋转运动。现在的连杆一般采用中碳钢或合金钢加工制成，由连杆小头、杆身、连杆大头和连杆轴承盖组成，连杆小头内压有减磨的青钢衬套和铁基粉末冶金衬套。连杆在正常使用情况下一般不会损坏，如果连杆损坏，则应将连杆轴承盖和连杆杆身一起更换。

图1-38 连杆

（5）连杆轴承瓦

连杆轴承瓦（见图1-39），又称作连杆轴瓦、连杆瓦和曲轴小瓦，装在连杆大头和连杆盖处。现代汽车发动机的连杆轴瓦是由钢背和减磨层组成的，分成两半的薄壁轴。连杆轴瓦属易损件，损坏应成组更换。

图1-39 连杆轴承瓦

二、曲轴飞轮组

曲轴飞轮组包括曲轴、飞轮及装在曲轴上的各零部件（曲轴正时齿轮、轴瓦、止推片、V形皮带轮等），如图1-40所示。

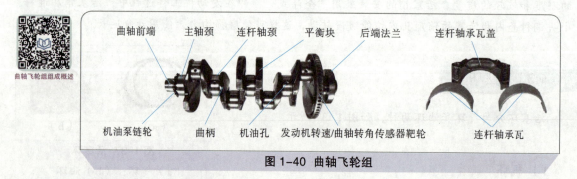

图1-40 曲轴飞轮组

1. 曲轴、曲轴轴瓦

（1）曲轴的作用

曲轴承受活塞连杆组传来的力，并将其转变为绕自身轴线的扭矩，然后传给轿车传动系统。同时，曲轴还要驱动配气机构和其他辅助装置工作。

(2) 曲轴与曲轴轴瓦的结构原理

曲轴主轴颈用来支承曲轴，它装配在气缸体主轴承座内。连杆轴颈用于安装连杆，连杆轴颈的布置须满足发动机运转平稳和各缸工作顺序的要求。捷达轿车四缸发动机点火顺序为1-3-4-2，点火间隔角为720°÷4=180°。因此，四个连杆轴颈在同一平面内，1、4缸连杆轴颈在一侧，2、3缸连杆轴颈在另一侧。

曲轴的主轴颈轴承为钢前对开式轴瓦，轴瓦钢背上镀有三层合金，底层镀铝锡钢，表层是巴氏合金，中间层为镍，曲轴的轴向位采用止推垫片。曲轴轴瓦的功用是减少曲轴主轴颈的磨损。

曲轴前后两端装有油封，以防止机油沿前后端流到机体外。油封有填料油封、自紧油封、挡油盘、回油螺纹及迷宫式油封等。曲轴油封属于易损件，曲轴前、后端发生的漏油现象一般都是由油封损坏引起的，这种情况下就需要更换油封。

在发动机工作时，因旋转质量的离心力、周期性变化的气体压力和往复运动惯性力的共同作用，使曲轴受到弯曲和扭转载荷。因此要求曲轴具有足够的刚度和强度，且各工作表面润滑良好，耐磨损。曲轴后端的法兰用于安装飞轮。

曲轴的前端装有曲轴正时齿轮和V形皮带轮，曲轴正时齿轮通过齿形皮带驱动配气机构的凸轮轴，V形皮带轮通过V形皮带驱动水泵和发电机。

2. 飞轮

飞轮是一个转动惯量很大的圆盘，实物如图1-41所示。其主要作用是：将做功行程中输入曲轴的一部分能量储存起来，用于其他行程中克服阻力，带动曲柄连杆机构越过上止点和下止点，保证曲轴的旋转角速度和输出扭矩尽可能均匀，并使发动机有可能克服短时间的超载荷。

飞轮的结构特点：飞轮由本体和外齿圈组成，飞轮本体与汽车离合器压盘一起组成离合器的驱动件。齿圈是发动机起动系统的一部分，它与起动机的驱动齿轮啮合，以起动发动机。

飞轮上有上止点标记"○—"，当飞轮上的标记与飞轮壳上的记号对齐时，即"—○—"，则表示一缸为上止点位置。更换新装的飞轮时，因备件飞轮上只有上止点标记而没有点火正时标记，故必须标出相应的点火正时标记。

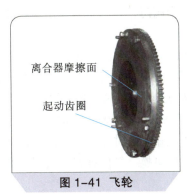

图1-41 飞轮

任务四　配气机构

配气机构的作用：按照发动机每一气缸内所进行的工作循环和点火次序的要求，开启和关闭各气缸的进、排气门，使新鲜混合气及时地进入气缸，废气得以及时地排出气缸。

配气机构由气门组和气门传动组两大部分组成，如图1-42所示。

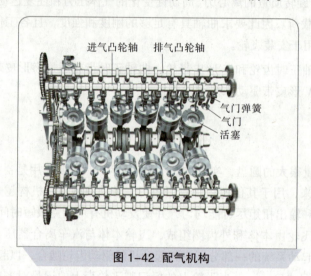

图1-42　配气机构

一、气门组

气门组在配气机构中相当于一个阀门，它的主要作用是：准时接通和切断进、排气系统与气缸之间的通道。

气门组一般由气门、气门导管、气门弹簧、气门弹簧座及气门锁片等零件组成，如图1-43所示。早期发动机的每个气缸一般都只有一个进气门和一个排气门，现在许多发动机采用了两个以上的进气门和排气门，例如一汽大众捷达CT轿车的发动机就采用了五个气门（每个气缸有三个进气门和两个排气门），这样可使气流更有效地进入和排出。

更换气门时，一般应成组更换，并应同时更换气门油封，修整或更换气门座。气门导管只有在与气门的配合角间隙过大时才需要更换。气门弹簧、气门弹簧座、气门锁片等属于非易损件，一般不予更换。

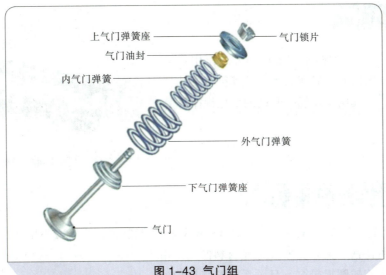

图 1-43 气门组

(1) 气门的工作原理

气门的工作条件非常恶劣,直接与高温燃气接触,受热严重,而散热困难,因此气门温度很高;气门承受气体力和气门弹簧的作用,以及由于配气机构运动件的惯性作用,使气门落座时受到冲击;气门在润滑条件很差的情况下以极高的速度启闭并在气门导管内做高速往复运动;气门由于与高温燃气中有腐蚀性气体接触而受到腐蚀。气门头部受到气体压力、气门弹簧以及传动零件惯性力的作用,而且工作温度很高,润滑条件极差,经常会出现气门头部积炭、气门工作锥面烧损的现象,因此,在发动机修理过程中,气门是一个经常被更换的零件。

(2) 气门导管的作用

气门导管的作用是对气门的运动进行导向,保证气门做直线往复运动,使气门与气门座圈能正确贴合,此外还将气门杆接受的部分热量传给气缸盖。

(3) 气门弹簧的作用

气门弹簧的作用是保证气门关闭时能紧密地与气门座或气门座圈贴合,并克服气门开启时配气机构产生的惯性力,使传动件始终受凸轮控制而不相互脱离。

二、气门传动组

气门传动组的作用:气门传动组的作用是使进、排气门按规定的时刻开闭,且保证有足够的开度。气门传动组主要包括凸轮轴、正时齿轮、挺柱、摇臂轴、摇臂以及推杆等零件。凸轮轴的布置形式有顶置、中置和下置式三种。根据顶置式凸轮轴的数量,又可将其分为顶置双凸轮轴和顶置单凸轮轴,这两种气门传动机构都没有推杆,主要应用于高速发动机中。

1. 凸轮轴

凸轮轴的作用：凸轮轴（图 1-44）的作用是驱动和控制各缸气门的开启和关闭，使其符合发动机的工作顺序、配气相位及气门开度的变化规律等要求。

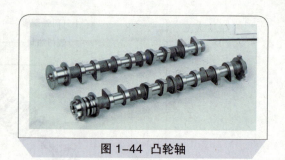

图 1-44 凸轮轴

2. 正时链轮或正时齿轮

曲轴正时齿轮（见图 1-45）一般采用 45 钢或 40Cr 钢制造，为了减小发动机的噪声，凸轮轴正时齿轮多采用铸铁、夹布胶木或尼龙材料制造。由于正时齿轮高速旋转磨损较多，且关系到配气机构的正时配合，因此要求严格，如果磨损量影响到发动机的正时配气就需要进行更换。更换时，如果是齿轮传动的，则应成对（成套）更换；如果是正时皮带轮或正时链条传动的，则可以单独更换。

凸轮轴的动力来源于曲轴，曲轴通过三种传动方式来驱动凸轮轴。

①正时齿轮传动。曲轴正时齿轮有的直接与凸轮轴正时齿轮啮合，有的通过惰轮与凸轮轴正时齿轮啮合。

②正时皮带轮传动。

③正时链条传动。

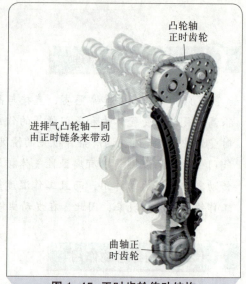

图 1-45 正时齿轮传动结构

3. 挺柱、推杆、摇臂

挺柱又叫挺杆，它是介于凸轮和推杆之间的传动件。

挺柱是将凸轮的推力传给推杆（气门杆）的零件，可分为平面挺柱、滚子挺柱和液压挺柱三种。在采用液压挺杆的配气机构中，装配、使用和维修时无须在气门和传动机构中留气门间隙或调整气门间隙，简化了保养程序，同时清除了由于气门间隙引起的噪声及冲击，还可减少凸轮型面和挺柱顶面的摩擦、磨损。挺柱、推杆和摇臂在发动机正常工作的情况下，一般不易损坏，如果发生损坏，不能进行修理，只能进行更换。液压挺柱的结构如图 1-46 所示。

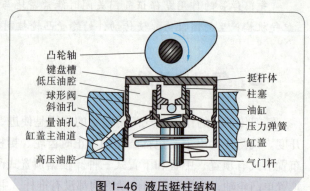

图 1-46 液压挺柱结构

由于液压挺柱的作用，在气门受热膨胀时，高压腔从间隙泄油，在将出现间隙时，由高压腔推动柱塞运动，使挺柱与凸轮紧贴，因此可以不预留气门间隙。

推杆位于挺柱与摇臂之间，它将挺柱传来的运动和作用力传给摇臂。摇臂将挺柱（或凸轮）传来的力改变方向并作用于气门端面，推开或关闭气门。

任务五　进排气系统

一、进气系统

进气系统的主要部件一般包括空气滤清器及其导管和进气歧管。空气滤清器的作用是：滤除空气中的杂质，使洁净的空气进入气缸。它一般由空气滤清器壳体、空气滤清器芯以及空气管等组成。

1. 空气滤清器

空气滤清器（见图1-47）根据滤芯的结构特点，可分以下三种类型。

> ①油浴式滤清器（多用于越野车上，其滤芯清洗后可重复使用）；
> ②纸滤芯式空气滤清器（质量轻、成本低、滤清效果好）；
> ③离心式空气滤清器（多用于重型货车上）。

图1-47　空气滤清器

2. 进气歧管

进气歧管的结构特点：进气歧管（见图1-48）一般采用铸铁铸造而成，也有的采用铝合金铸造。在正常使用情况下，进气歧管一般不会损坏，但进气歧管衬垫属于易损件，如果进气歧管接口出现漏气现象，就需要更换进气歧管衬垫。

3. 进气管

进气管的结构特点：进气管（见图1-49）是指空气滤清器前端以及连接空气滤清器和进气歧管的空气管道。

早期的进气管一般采用薄钢板制造，现在的进气管大多由塑料制成。在使用过程中，进气管容易发生变形、破裂等损坏，如有损坏，一般应予以更换。

图 1-48 进气歧管

图 1-49 进气管

4. 涡轮增压器

涡轮增压器（见图 1-50）的作用：增加进入发动机的空气流量，从而增大发动机的输出功率。不同的是，涡轮增压器是通过压缩进入发动机燃烧室的空气来增大发动机的功率；增压器则是由发动机曲轴用传动带带动空气泵来增大发动机的功率。

图 1-50 涡轮增压器

涡轮增压器的结构特点：涡轮增压器一般由泵轮和涡轮组成。泵轮和涡轮由一根轴相连形成转子，发动机排出的废气驱动泵轮，泵轮带动涡轮旋转，涡轮转动后给进气系统增压。涡轮增压器的多数故障是由缺少润滑油、吸入异物或润滑油污脏所引起的，所以一定要注意涡轮增压器机油的使用。修复涡轮增压器一般在专业工厂进行，如果增压器损坏了，应更换整个总成，如有必要，还应更换机油或滤清器。

5. 进气温度（IAT）传感器

大多数发动机都使用了进气温度（IAT）传感器（见图 1-51），它的作用是：感测或测量进入发动机的空气温度。传感器用螺钉固定在进气歧管的顶部或侧面。

进气温度传感器有时安装在空气滤清器壳上，进气温度传感器向计算机输入信号，计算机（如 PCM）需要用此数据进行计算，以调节喷油器脉冲宽度和点火提前角。进气温度传感器提供给计算机一个电压信号，电压根据传感器的电阻值有所变化。传感器的阻值与空气温度成反比，这表示，当输入的空气温度升高时，传感器的阻值反而降低。通常，进气温度传感器产生的电压在 0.5～5.0 V。

图 1-51 进气温度传感器

二、排气系统

组成排气系统的零部件主要有：排气歧管、排气管及其密封件、催化转化器、消声器、排气尾管、隔热罩等。有些汽车在排气系统上装有涡轮增压器，用来提高发动机的功率。

1. 排气歧管

排气歧管的结构特点：排气歧管分铸铁歧管或不锈钢歧管（见图 1-52）两种类型。排气歧管一般不容易发生损坏，即使损坏也大多是由受热变形导致的，有些变形可通过添加衬垫弥补，有些则需要更换新件。排气歧管衬垫经常受到高温高压的气体作用而易于损坏，如有损坏，则应更换新的衬垫。

图 1-52 不锈钢排气歧管

2. 消声器

消声器（见图 1-53）是降低和衰减排气压力、消降排气噪声的零件，一般采用镀铝钢或不锈钢制造。按内部消声结构形式，可为分为逆流式消声器和直流式消声器。

消声器的结构特点：有的消声器与排气管焊成一体，有的则通过螺栓与排气管连接。消声器的主要损坏形式是受到高温废气的作用发生高温氧化，导致消声材料失效或管壁破裂，这种情况下需要更换新的消声器。

图 1-53 消声器

任务六　燃料供给系统

燃料供给系统的作用：燃料供给系统的作用：将燃料（汽油或柴油）通过一系列供油部件定时、定量地输送到气缸内进行燃烧，为发动机提供能源。汽油机燃料供给系统和柴油机燃料供给系统的组成部件存在较大差异，但仍有相似之处。

图 1-54 所示为电子化油器式发动机的总油路，燃油储存在油箱中，供发动机在需要时使用，燃油泵可将燃油从油箱中吸出，然后送到电子化油器。电子化油器的作用：保持燃油处于正确的空燃比，即使空燃比保持为 14.7∶1。

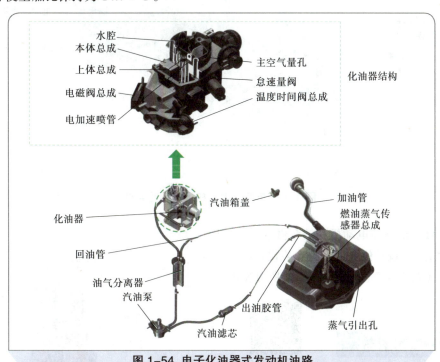

图 1-54　电子化油器式发动机油路

一、汽油机燃料供给系统

汽油机的供油方式有化油器式和电子燃油喷射式（EFI）两种。由于化油器结构的局限性以及人类对环境保护的日益重视，化油器式的供油系统已逐渐被淘汰。近年来，大多数轿车和货车的汽油发动机采用电子燃油喷射系统。

电子燃油喷射系统的部件主要有传感器、油箱、燃油泵、燃油滤清器、燃油压力调节器、燃油管和燃油管接头、燃油分配管、喷油器及节气门体等。电喷式发动机燃料供给系统如图 1-55 所示。

1. 油箱

油箱储存、供给发动机所需的燃料，可以用塑料或钢制造。在正常使用情况下，油箱一般不易损坏，但有锈蚀、腐蚀、振动或晃动冲击导致的损坏，而油箱盖、油管、油位传感器则属于易损件。

2. 燃油泵

燃油泵（见图1-56）的功用：将汽油从油箱中吸出来，并使之具有一定的压力。燃油泵一般有机械式和电动式两种。目前，电喷式发动机的汽车大多采用电动燃油泵。

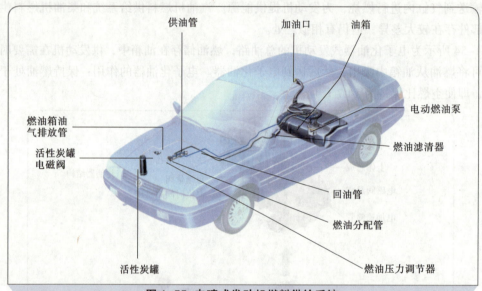

图1-55 电喷式发动机燃料供给系统

电动燃油泵的直流电动机和油泵做成一体，密封在一个泵壳中。按其位置可分为外装式和内装式，由于内装泵不易产生气阻和燃油泄漏，所以噪声小，应用广泛。

3. 燃油滤清器

燃油滤清器（见图1-57）外壳有塑料和金属两种，其滤芯有尼龙布、聚合粉末塑料和纸质滤芯、金属缝隙式以及多孔陶瓷式等若干种。

多孔陶瓷式滤芯能够清洗，可重复使用，多用于高级轿车；金属滤芯由于滤清质量差，已趋于淘汰；纸质滤芯滤清效果好，抗水性强，成本低。目前，汽车的燃油滤清器多采用纸质滤芯，出现问题时，大部分燃油滤清器都是整体更换。

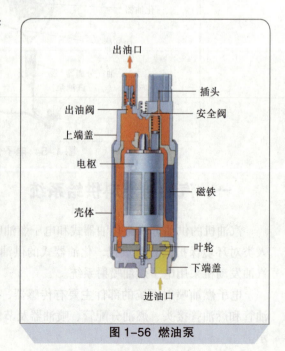

图1-56 燃油泵

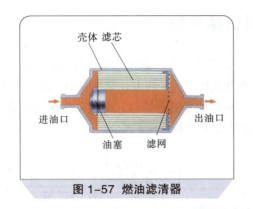

图 1-57 燃油滤清器

4. 燃油压力调节器

燃油压力调节器（见图 1-58）的功用是使系统油压与进气歧管内的压力之差保持恒定，从而使喷油器喷出的燃油量唯一取决于喷油器的开启时间，确保电子控制单元（ECU）能够精确控制喷油量。

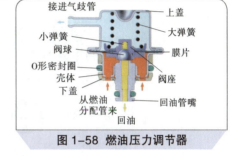

图 1-58 燃油压力调节器

5. 喷油器

喷油器结构功用

喷油器（见图 1-59）是电控燃油喷射系统中的重要执行器，是一种电磁阀，它接收来自发动机控制模块的信号，精确地喷射燃油。

喷油器按喷射系统不同，可分为多点喷射式、双喷口式和多喷口式。电控喷油器是一种加工精度非常高的精密器件，一般不容易损坏，喷油器喷油质量下降后通常使用专用喷油器清洗器进行清洗。

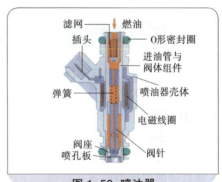

图 1-59 喷油器

6. 节气门体

节气门体（见图 1-60）位于进气歧管和进气总管之间，包含节气门、节气门位置传感器和怠速控制阀等。节气门体一般有积炭现象，需要维护清洗。如果节气门位置传感器损坏了，应更换整个节气门体总成。

图 1-60 节气门体

7. 燃油管和燃油管接头

燃油管可由钢、尼龙或橡胶制造。燃油管接头可以是快拆卸式的、带螺纹式的及 O 形圈式的，也可以是卡箍式的和扩口式的。橡胶燃油管容易老化、破裂，如有损坏，应予以更换。

二、柴油机燃料供给系统

柴油机燃料供给系统的主要零部件有：油箱、滤清器、输油泵、喷油泵和喷油器等。目前，柴油机应用较为普遍的是共轨电控技术，共轨电控柴油喷射系统如图 1-61 所示。

喷油泵从油箱将燃油泵入高压油泵的进油口，由发动机驱动的高压油泵将燃油增压后送入共轨腔内，再由电磁阀控制各缸喷油器在相应时刻喷油。

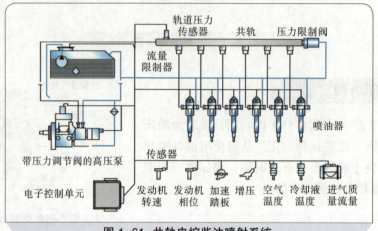

图 1-61 共轨电控柴油喷射系统

1. 柴油滤清器

柴油发动机上的柴油滤清器（见图 1-62）一般采取两级过滤，即粗滤器和细滤器，根据安装形式的不同，可分为可换式和旋转式两种。

粗滤器用来滤除柴油中较大的杂质，其滤芯有金属缝隙式、卡式、网式和纸质式等几种。一般常采用纸质滤芯。细滤器用来最后滤除柴油中的微小杂质，使柴油得到彻底可靠的滤清。其滤芯有毛毡式、金属网式和纸质式等。通常，两级柴油滤清器由两个结构基本相同的滤清器串联而成，第一级是粗滤，采用纸滤芯；第二级是细滤，采用毛毡及纺绸滤芯。

图 1-62 柴油滤清器

2. 喷油泵

喷油泵的作用：提高柴油压力，根据发动机的工况定时、定量地将高压燃油输送给喷油器。喷油泵有三种类型：柱塞式（见图 1-63）、喷油泵－喷油器式以及转子分配式。

目前，柴油机广泛采用柱塞式喷油泵，它由四大部分组成：分泵、油量调节机构、传动机构和泵体。这种泵应用时间长、技术成熟、性能良好、使用可靠。转子

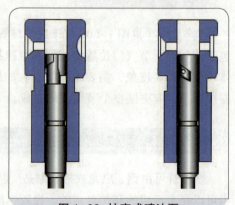

图 1-63 柱塞式喷油泵

分配式喷油泵多用于小型高速柴油机上。喷油泵是组合件，其中柱塞偶件和出油阀偶件最为精密，也是最易损件。柱塞偶件和出油阀偶件在使用寿命期内始终成对使用，并应整套更换。

3. 喷油器

喷油器（见图1-64）是柴油机燃料供给系统中进行燃油喷射的重要部件，它将燃油雾化成细小颗粒，喷射到燃烧室内。柴油机广泛采用闭式喷油器，主要由喷油器体、调压装置和喷油嘴组成。根据喷油嘴的结构形式，闭式喷油器又分为孔式喷油器和轴针式喷油器两种。喷油由精密偶件针阀和针阀体组成，该偶件在使用中不能互换。

图1-64 喷油器

任务七 点火系统

点火系统的作用：按时在火花塞两电极之间产生电火花，点燃混合气，使发动机做功。

按照点火线圈的控制方法，可将点火系统分为传统点火系统（触点式点火系统）和电子点火系统。当前大多数轿车都采用电子点火系统。电子点火系统又分为普通电子点火系统（无触点式点火系统）和微机控制的点火系统。微机控制的点火系统按照有无分电器又分为有分电器的微机控制点火系统和无分电器的微机控制点火系统。捷达两阀电喷车就采用了无分电器的微机控制点火系统。

一、传统点火系统

传统点火系统主要由点火线圈、分电器、点火开关、高压线、火花塞和电源（发电机与蓄电池）等组成，如图1-65所示。

传统点火系统应用历史长，技术成熟，目前仍有许多汽车包括少量轿车在使用。

二、普通电子点火系统

普通电子点火系统主要由点火信号发生器、电子点火模块、点火线圈、分电器、高压线和火花塞等组成，如图1-66所示。

许多国内生产的轿车，如上海大众桑塔纳、一汽大众捷达、一汽红旗、神龙富康等轿车都采用普通电子点火系统。它采用无触点的分电器，解决了传统点火系统的分电器触点烧蚀问题。

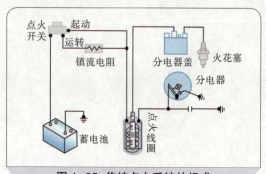

图1-65 传统点火系统的组成

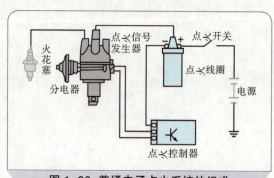

图1-66 普通电子点火系统的组成

三、微机控制的点火系统

随着计算机技术的迅速发展以及人们对汽车排放及其他性能要求的提高,微机控制的点火系统在普通电子点火系统的基础上结合计算机技术得到了进一步的发展。

1. 有分电器的微机控制点火系统

活塞式内燃机的工作循环是由进气、压缩、做功和排气四个工作过程组成的封闭过程。周而复始地进行这些过程,内燃机才能持续地做功。

有分电器的微机控制点火系统由电源、点火开关、控制单元(ECU)、点火模块、点火线圈、分电器、火花塞、高压线和各种传感器等组成。

2. 无分电器的微机控制点火系统

无分电器的微机控制点火系统由电源、点火开关、控制单元(ECU)、点火模块、点火线圈、火花塞、高压线和各种传感器等组成。目前,有的无分电器点火系统还将点火线圈直接装在火花塞上方,取消了高压线。

在有分电器的微机控制点火系统中,分电器驱动齿轮,轴和衬套易受磨损,从而降低了发动机的经济性、动力性及排放性。因此,在此基础上又出现了无分电器的微机控制点火系统。无分电器的微机控制点火系统完全取消了分电器,将点火线圈产生的高压电直接通过高压线传递给火花塞,使其点火,彻底解决了这个问题。

四、点火系统的组成部件

从以上的介绍可以看出,几种点火系统的组成部件不尽相同,如火花塞、点火线圈在每种点火系统中都存在,而有的则是某种点火系统所特有的零部件,如分电器。

1. 点火线圈

点火线圈(见图1-67)利用电磁互感原理将蓄电池或发电机所供给的12 V或24 V的低压直流电转变为15 ~ 20 kV的高压直流电。点火线圈分为开磁路和闭磁路两种线圈。闭磁路点火线圈的优点是:漏磁少,能量损失小,体积小。因此,电子点火系统普遍采用闭磁路点火线圈。点火线圈是易损件,其使用寿命为汽车行驶20 000 ~ 30 000 km。

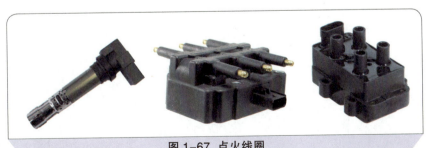

图1-67 点火线圈

2. 火花塞

点火线圈产生的高压引入燃烧室后,击穿其电极间隙产生电火花,点燃混合气。火花塞(见图 1-68)的中心电极有的采用镍锰耐热钢,有的采用镍包钢复合材料,镍钢复合电极火花塞质量稳定,可靠性好,冷起动性能好,比普通的火花塞寿命高出 40%;也有的采用点焊白金,其使用寿命可达传统火花塞寿命的两倍。

火花塞按热特性有以下三种:

①冷型火花塞:裙部短,传热快,适用于燃烧温度高的发动机;

②热型火花塞:裙部长,传热慢,适于燃烧温度较低的发动机;

③中型火花塞:裙部长度介于冷型火花塞裙部和热型火花塞裙部之间。

图 1-68 火花塞

任务八 润滑系统

润滑系统主要由机油集滤器、机油泵、机油滤清器、油底壳以及机油冷却器组成,如图1-69所示。发动机工作时,许多零件相对运动的表面(如曲轴与主轴承、连杆轴承,活塞与气缸壁,凸轮轴与轴承等)之间必然有摩擦,如果各金属表面直接摩擦(即干摩擦),摩擦阻力将会很大,不但会增加发动机内部的功率消耗,使零件工作表面迅速磨损,而且由于摩擦产生的高温可能使某些摩擦表面的金属熔化,致使发动机无法正常运转。为保证发动机正常工作,必须对相对运动的表面进行良好的润滑。

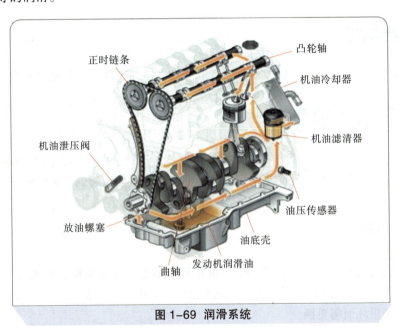

图1-69 润滑系统

一、润滑系统的主要作用

1. 润滑减摩作用

将机油送到各个零件的摩擦表面,由于机油有一定的黏性,能黏附在摩擦表面上形成一层油膜,从而使两个摩擦表面并不直接接触,当零件相对运动时,每一零件与粘在它表面上的油层一同运动,这样各接触面间的干摩擦就变成了液体油层间的液体摩擦。由于液体摩擦系数比干摩擦系数小得多,所以摩擦阻力显著减小,从而降低了功率损耗,并减轻了零件的磨损。

2. 冷却作用

在发动机工作时,由于零件的摩擦以及混合气的燃烧,使某些零件产生较高的温度。润滑系统可以通过机油的循环流动不断地从摩擦表面吸收和带走一定的热量,保持零件温度不致过高,以防摩擦表面过热而烧毁。

3. 清洗作用

利用机油的循环流动冲洗零件的工作表面,带走由于零件磨损产生的金属屑和其他脏、杂物,以防止在零件之间形成磨料而加剧磨损。

4. 密封作用

利用机油的黏性,将机油附着于运动零件表面,形成油封,提高零件的密封效果。

5. 防锈作用

机油能吸附在金属零件表面,防止水、空气和酸性气体与零件表面接触而发生氧化和腐蚀。

6. 消除冲击负荷作用

当气缸压力急剧上升时,突然作用到活塞、活塞销、连杆、曲轴和它们的轴承上的力很大,这个负荷经过轴承传递时,轴承间隙里的机油承受冲击负荷,从而起到缓冲的作用。

二、机油泵

机油泵的作用是把一定压力和数量的润滑油供到主油道。机油泵按其形式分为齿轮式和转子式两种,如图 1-70 所示,两者在目前的发动机中都广为应用。机油泵一般在汽车行驶 300 000km 以上时才可能出现损坏而需更换。

认识机油泵

(a) (b)

图 1-70 齿轮式与转子式机油泵

(a) 齿轮式;(b) 转子式

捷达两阀 ATK 电喷发动机使用内齿轮机油泵，其特点是运动件少，磨损小，工作空间大，吸入性能好，工作效率高。

机油泵由曲轴通过链条直接驱动，带滑轨的链条张紧器用于调节链条的张紧。机油泵与连接组件实物如图 1-71 所示。

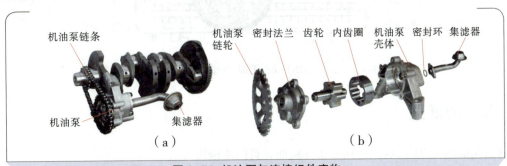

图 1-71 机油泵与连接组件实物

（a）机油泵；（b）连接组件

三、机油滤清器

1. 机油滤清器的功用

机油滤清器用来滤除机油中的金属碎屑和各种杂质，以免使之进入润滑系统，磨损机件。机油滤清器按结构不同分为可换式、旋装式和离心式。旋装式滤清器密封好，易于更换，过滤效率高，寿命长，现在国内轿车几乎全部采用此种结构形式的机油滤清器。

2. 机油滤清器的分类

机油滤清器按在系统中的布置，可分为以下两类：
①全流式；
②分流式。

现在汽车上广泛使用全流式机油滤清器，它具有效果好、机油流动阻力小、使用更换方便等优点。

机油滤清器的滤芯有褶纸式、纤维滤清材料以及金属缝隙式。机油滤清器经过一段时间的使用后，滤芯上会聚集许多油泥和金属碎屑，造成滤清器堵塞，阻碍润滑系统正常工作。此时，应清洗或更换机油滤清器的滤芯。

四、机油冷却器

机油冷却器用于降低机油温度，有利于防止机油氧化。机油冷却器分为风冷式和水冷式两种。风冷式机油冷却器多用在赛车和某些增压汽车上；水冷式机油冷却器广泛应用在普通轿车上，它具有结构紧凑、布置方便以及能保证润滑油温度稳定等优点，如图 1-72 所示。

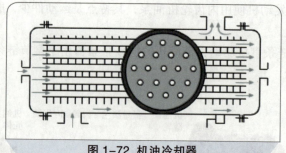

图 1-72 机油冷却器

五、油底壳

油底壳如图 1-73 所示,它具有储存机油并封闭曲轴箱的作用。钢板冲压的油底壳在变形不大的情况下可以采用钣金修复,油底壳在更换时还需同时更换油底壳衬垫。

油底壳一般由薄钢板冲压而成,也有的发动机为达到良好的散热效果,而采用带有散热片的、铝合金铸造的轻金属油底壳。由于油底壳位于车身的底部,在行驶过程中非常容易受到外界硬物的撞击而发生变形、破裂,因此它属于易损件。

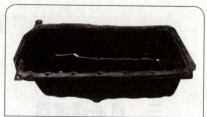

图 1-73 油底壳

六、机油集滤器

机油集滤器一般是滤网式的,装在机油泵的前面,防止粒度大的杂质进入机油泵,目前汽车发动机所用的集滤器分为浮式集滤器和固定式集滤器两种。固定式集滤器如图 1-74 所示。

固定式集滤器吸入机油的清洁度不如浮式集滤器,但可防止泡沫吸入,且润滑可靠,结构简单,所以基本取代了浮式集滤器,例如上海桑塔纳和一汽奥迪发动机都采用了固定式集滤器。

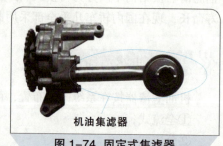

机油集滤器

图 1-74 固定式集滤器

任务九 冷却系统

冷却系统根据冷却介质的不同可分为水冷系统和风冷系统两种。

由于水冷系统工作可靠,冷却效果好,所以大多数汽车都采用强制循环式水冷系统,如图1-75所示。

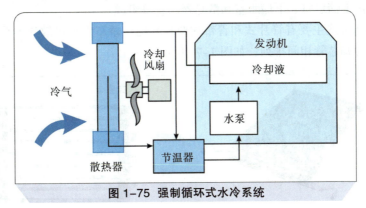

图1-75 强制循环式水冷系统

水冷系统一般由散热器、电动风扇、水泵、冷却液膨胀箱及节气门热水管等组成,如图1-76所示。冷却系统对发动机机件进行冷却,使发动机在适宜的温度下正常运行。

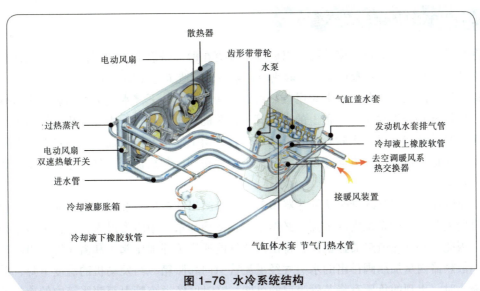

图1-76 水冷系统结构

水冷系统还分为大循环和小循环两种循环方式,如图1-77所示。

41

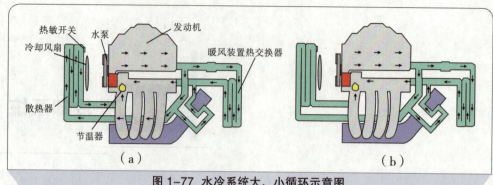

图 1-77 水冷系统大、小循环示意图

（a）大循环；（b）小循环

一、散热器

散热器主要由上储水室、下储水室和散热器芯管等组成。

散热器的构造形式主要有管片式和管带式两种，捷达轿车发动机散热器采用管带式结构，波纹状的散热带与冷却芯管相间排列，如图 1-78 所示。

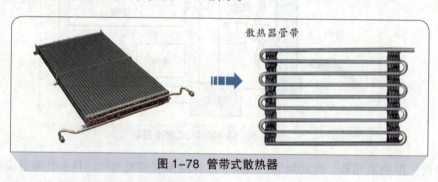

图 1-78 管带式散热器

1. 管片式散热器的工作原理

在散热带上开有形似百叶窗的孔，以破坏空气流在散热带表面上的附面层，提高散热能力。这种散热器芯管与管片式芯管相比，其散热能力较高，制造工艺简单，质量轻。

上储水室顶部设有一开口，平时用散热器盖盖住。在上、下储水室上分别装有进水软管和出水软管，它们分别与发动机气缸盖上的出水管和水泵的进水管相连。由发动机气缸盖上出水管流出的温度较高的热水经进水软管进入上储水室，再由上储水室向下流动，通过散热器芯管时，水流中的热量被与汽车行驶方向相反的空气流带走，得到冷却后流入下储水室，由出水软管流出后被吸入水泵。

为防止冷却液在汽车颠簸时从散热器顶部的孔口溅出和散失，散热器孔口应密封。但随着冷却液温度的上升，冷却系统内的水蒸气必然增多，使冷却系统中压力过大，这样可能会导致散热器破裂，因此，必须在散热器盖上设置排出水蒸气的通道（即加压阀）和溢流管。当冷却液温度过高时，散热器内从加压阀排出的水蒸气经溢流管引向膨胀箱；当发动机的温度下降，散热器内的压力减小时，出现的负压有将芯管吸扁的可能，这时原经溢流管引至膨胀箱内的冷却液应能及时返回散热器。为此，散热器盖上还设有一负压阀，以使膨胀箱内的冷却液在散热器内压力降低时及时返回到散热器内（膨胀箱与大气相通，负压阀在散热器内负压作用下打开，膨胀箱内冷却液便被吸入散热器）。

2. 蒸气溢流阀被称为加压阀的原因

为提高散热器的散热能力及冷却液的沸点温度，散热器盖采用加压式结构，这便是蒸气溢流阀被称为加压阀的原因。当散热器内的压力高出大气压力 3~10 kPa 时，加压阀才被打开，受热膨胀的冷却液及水蒸气从溢流管转向膨胀箱。

二、水泵

1. 水泵的功用

水泵的认识

水泵对冷却液加压，使之在冷却系统中加速循环流动。

水泵的结构形式有多种，但由于机械离心式水泵具有结构简单、尺寸小、出水量大，同时当水泵因故障而停止工作时，不妨碍冷却液在冷却系统内热对流而自然循环等优点，因此机械离心式水泵在汽车发动机上得到了广泛的应用。捷达轿车发动机亦采用了这种形式的水泵。

捷达轿车发动机的离心式水泵主要由叶轮转子和泵体两大部分组成，如图1-79所示。转子上有6枚塑料叶片，壳体与转子之间用橡胶密封圈进行密封。曲轴上的皮带轮通过V形皮带带动水泵叶轮旋转。

图1-79 离心式水泵

2. 离心式水泵的工作原理

当叶轮旋转时，水泵中的冷却液被叶片带动一起旋转，在本身离心力的作用下向叶轮边沿甩出，在蜗形壳体内将动能转变为压能，经与叶轮呈切线方向的出水口被压送入发动机的水套。与此同时，叶轮中心处形成一定的负压，将冷却液从进水口吸入。如此连续不断地工作，强制冷却液在冷却系统内循环流动。

三、节温器

通常利用节温器来控制通过散热器的冷却水流量。

1. 节温器的类型

节温器按结构不同可分为蜡式、双金属式和折叠式三种类型。目前，多数发动机采用蜡式节温器。

蜡式节温器（见图1-80）：当冷却水温度低时，石蜡为固体，体积小，在弹簧弹力作用下，通过旁通水道关闭水套到散热器的通路，进行小循环冷却。

当冷却水的温度上升到规定温度时，石蜡熔化成液体，体积膨胀，产生压力，关闭旁通水道，打开水套与散热器的通道，进行大循环冷却。蜡式节温器阀门的关闭完全是通过蜡的体积变化来进行控制的。

图 1-80 蜡式节温器

2. 节温器的结构

当冷却水温度过低时，冷却水不经过散热器，只在水套与水泵间循环（即小循环），从而防止发动机过冷，并使冷机迅速而均匀热起。

在发动机正常热状态下（温度高于 80 ℃），冷却水全部经过散热器进行循环（即大循环），使冷却水温度下降，保持发动机在正常的温度下工作。节温器工作原理示意图如图 1-81 所示。

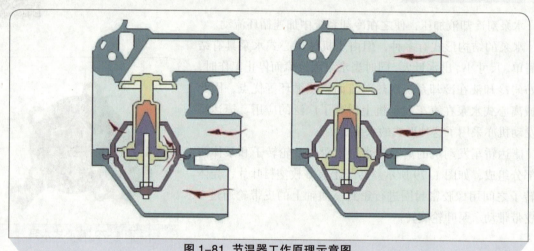

图 1-81 节温器工作原理示意图

任务十 起动系统

使发动机从静止状态过渡到工作状态的全过程,叫发动机的起动。完成起动所需要的装置叫起动系统,其作用是:驱使发动机曲轴转动,直至发动机能在自身动力作用下继续运转为止。

一、起动系统的组成

起动系统由起动机、电磁开关(起动继电器或电磁线圈)和起动开关(或起动按钮)等组成。

起动机主要由电枢总成、电磁开关、外壳总成、后盖(驱动端盖)、前盖(电刷端盖)等部分组成,如图1-82所示。起动机以蓄电池为起动电源,以直流电动机驱动,通过传动机构与操纵机构向发动机飞轮曲轴总成提供起动转矩,带动发动机进入正常运转工况。

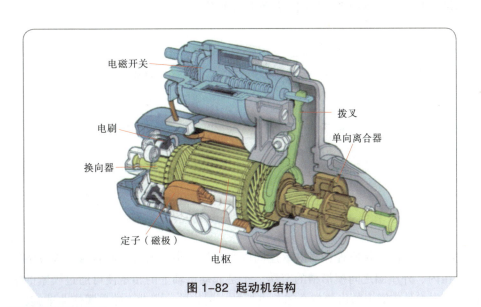

图1-82 起动机结构

1. 操纵机构

(1) 直接操纵机构

直接操纵机构是指由驾驶员通过起动踏板和杠杆机构直接操纵起动开关并使传动齿轮进入啮合的一种操纵机构。直接操纵机构结构简单、使用可靠,但操作不便,且当驾驶员座位距起动机较远时难以布置，目前很少使用。

（2）电磁操纵机构

电磁操纵机构是指由驾驶员通过起动开关操纵继电器（电磁开关），而由继电器操纵起动机电磁开关和齿轮副或通过起动开关直接操纵起动机电磁开关和齿轮副的一种操纵机构。电磁操纵机构布置灵活、使用方便，适宜于远距离操纵，目前车用汽油机或柴油机均采用电磁操纵式起动机。起动机齿圈与飞轮齿圈传动比为 10～15。

2. 离合机构

起动机应该只在起动时才与发动机曲轴相连，而当发动机开始工作之后，起动机应立即与曲轴分离。否则，随着发动机转速的升高，起动机将大大超速，产生很大的离心力，从而使起动机损坏（起动机电枢绕组松弛，甚至飞散）。因此，起动机中装有离合机构。在起动时，它保证起动机的动力能够通过飞轮传递给曲轴；起动完毕，发动机开始工作时，立即切断动力传递路线，使发动机不可能反过来通过飞轮驱动起动机以高速旋转。滚柱式离合机构是常用的离合机构。

滚柱式离合机构如图 1-83 所示，它由开有楔形缺口的外座圈、内座圈以及滚柱和连同弹簧一起装在外座圈孔中的柱塞组成。作为内座圈毂的套筒与起动机轴用花键连接，固定在外座圈上的齿轮随电枢轴一起转动，驱动飞轮齿圈，从而使曲轴旋转。

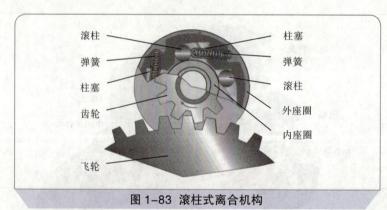

图 1-83 滚柱式离合机构

滚柱式离合机构的工作原理：当电枢连同内座圈依箭头所示方向旋转时，滚柱借摩擦力和弹簧推力楔紧在内、外座圈之间楔形槽的窄端。于是起动机轴上的转矩便可通过楔紧的滚子传到外座圈，这样固定在外座圈上的齿轮就会随着电枢轴一同旋转，驱动飞轮齿圈使曲轴旋转。

当发动机开始工作，曲轴转速升高以后，即有飞轮齿圈带动起动机齿轮高速旋转的趋势。虽然此时齿轮的旋转方向不变，但已由主动轮变成了从动轮。于是，滚柱就在摩擦力的作用下克服弹簧张力而移向楔形槽较宽的一端，从而使高速旋转的小齿轮与电枢轴脱开，防止起动机发生超速的危险。

二、起动过程

起动电路与起动过程如图 1-84 所示。

起动时,接通起动开关,起动机电路通电,继电器的吸引线圈和保持线圈通电,产生很强的磁力,吸引铁芯左移,并带动驱动杠杆绕其销轴转动,使齿轮移出,并与飞轮齿圈啮合。与此同时,由于吸引线圈的电流通过了电动机的绕组,所以电枢开始转动,齿轮在旋转中移出,减小冲击。

如果齿轮与飞轮齿端相对,不能马上啮合,此时弹簧压缩,当齿轮转过一个角度后,齿轮与飞轮迅速啮合。当铁芯移动到使短路开关闭合的位置时,短路线路接通,吸引线圈被短路,失去作用,保持线圈所产生的磁力足以维持铁芯处于开关吸合的位置。

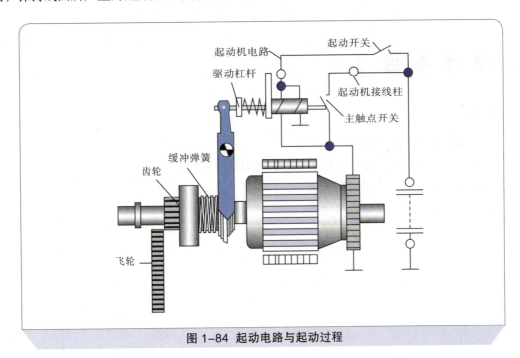

图 1-84 起动电路与起动过程

课题小结

1. 发动机是将燃料在气缸内燃烧所产生的热能转化为机械能的机器,它具有热效率高、体积小、质量轻和起动性能好等优点。
2. 发动机按照点火方式不同分为压燃式和点燃式,按照燃料不同分为柴油机和汽油机。
3. 发动机总体构造由机体组、曲柄连杆机构、配气机构、燃料供给系统、冷却系统、点火系统、润滑系统和起动系统组成。

简答题:

1. 简述活塞环的分类及作用。
2. 飞轮的主要作用是什么？飞轮上标记的作用是什么？
3. 简述冷却系统、润滑系统的作用。
4. 简述点火系统的主要组成及分类。

课题二 汽车传动系统

[知识目标]

1. 掌握传动系统的分类及基本组成。
2. 掌握离合器的基本组成及功用。
3. 掌握变速器的基本组成及工作原理。
4. 掌握万向传动装置的基本组成和类型。
5. 掌握驱动桥的基本组成和工作原理。

[技能目标]

1. 能够正确描述离合器的基本组成。
2. 读懂并掌握手动变速器挡位传递路线。

[素养目标]

树立"汽车要好，底盘很重要；人要好，内涵很重要"的观念。

任务一　传动系统的功能、组成和种类

一、功能

传动系统的功能：将发动机输出的动力传递给驱动轮，使汽车运动。传动系统具有减速、变速、倒车、中断动力、轮间差速和轴间差速等功能，与发动机配合工作，能保证汽车在各种工况条件下正常行驶，并具有良好的动力性和经济性。

二、组成

传动系统是由离合器、变速器、传动轴、减速器、差速器和半轴等组成的，全轮驱动汽车还包括分动器。传动系统的组成和布置形式根据发动机类型、安装位置以及汽车用途不同而不尽相同。例如，越野车多采用四轮驱动，其传动系统中增加了分动器总成等，而对于前置前驱的汽车，其传动系统中就没有传动轴等装置。

三、种类

传动系统的种类是按能量传递方式的不同划分的，可分为机械传动、液力传动、液压传动和电传动等。

1. 机械传动

机械式传动系统如图2-1所示。传统的发动机纵向安装在汽车前部，发动机发出的动力经离合器、变速器、万向传动装置传到驱动桥。在驱动桥处，动力经过主减速器、差速器和半轴传给驱动车轮。

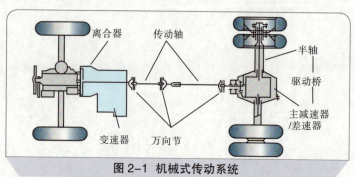

图2-1　机械式传动系统

2. 液力传动

液力传动是利用液体介质在主动元件和从动元件之间循环流动过程中动能的变化来传递动力的。液力传动装置串联一个有级式机械变速器，这样的传动系统称为液力机械式传动系统，如图2-2所示。

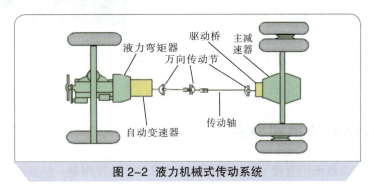

图2-2 液力机械式传动系统

3. 液压传动

液压传动也叫静液传动，是通过液体传动介质静压力能的变化来传递能量的，这样的传动系统称为液压传动系统或静液式传动系统，如图2-3所示。液压传动系统主要由发动机驱动的油泵、液压马达和控制装置等组成。

4. 电传动

电传动是由发动机驱动发电机发电，再由电动机驱动驱动桥或由电动机直接驱动带有减速器的驱动轮。混合式电动汽车采用的电传动如图2-4所示。

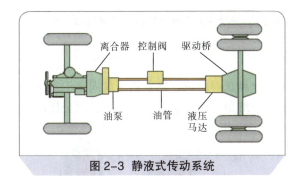

图2-3 静液式传动系统　　图2-4 混合式电动汽车采用的电传动

任务二 离合器

一、离合器的功用和种类

离合器是汽车传动系统中直接与发动机相联系的部件,其作用是:使发动机的动力与传动装置平稳地接合或暂时分离,可靠传递发动机扭矩,以便于驾驶员进行汽车的起步、停车、换挡等操作。

离合器结构形式很多,主要有膜片弹簧式离合器、单片干式离合器以及双片干式离合器三种。目前,在中小型轿车中,如上海大众桑塔纳、一汽大众捷达、神龙富康、天津夏利等轿车以及部分大型车辆上都采用了膜片式离合器。离合器按从动盘的数量又可分为单片式离合器、双片式离合器和多片式离合器。双片式离合器多用于重型汽车。捷达两阀电喷轿车的离合器采用了单片干式膜片弹簧离合器,其由主动部分、从动部分和操纵机构组成,如图 2-5 所示。

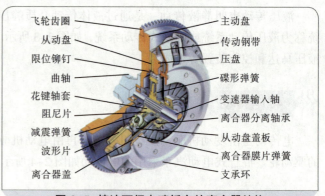

图 2-5 捷达两阀电喷轿车的离合器结构

主动部分由带有膜片弹簧的压盘、飞轮、中间盘和分离盘等组成。离合器压盘固定于发动机曲轴上,膜片弹簧为开有径向槽的碟形弹簧,结构紧凑,缩短了离合器的轴向尺寸,保证压盘上的压力均匀,接合平顺。离合器在接合状态时,从动盘和压盘与飞轮同步旋转,此时膜片弹簧产生压紧力,使从动盘被夹紧在压盘和飞轮之间。

液力离合器(见图 2-6)靠工作液(油液)传递转矩。外壳与泵轮连为一体,是主动件;涡轮与泵轮相对,是从动件。当泵轮转速较低时,涡轮不能被带动,主动件与从动件之间处于分离状态;随着泵轮转速的提高,涡轮被带动,主动件与从动件之间处于接合状态。

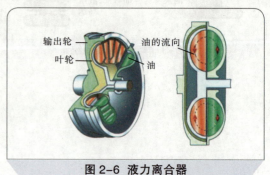

图 2-6 液力离合器

电磁离合器靠线圈的通、断电来控制离合器的接合与分离。在主动件与从动件之间放置磁粉,可以加强两者之间的接合力，这样的离合器称为磁粉式电磁离合器，如图 2-7 所示。

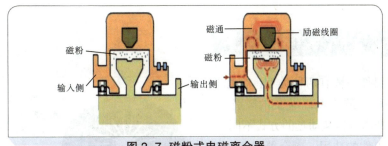

图 2-7 磁粉式电磁离合器

二、离合器的构造

离合器由主动部分、从动部分、压紧机构、分离机构和操纵机构五部分组成。

离合器的功用和基本原理

1. 主动部分

主动部分由飞轮、离合器盖、压盘等机件组成，这部分与发动机曲轴连在一起。离合器与飞轮靠螺栓连接，压盘与离合器盖之间靠 3 ~ 4 个传动片传递转矩。

2. 从动部分（离合器从动盘）

离合器从动盘分为带扭转减震器（见图 2-8）和不带扭转减震器两种。

不带扭转减震器的从动盘一般用于双片式离合器。大部分从动盘中装有扭转减震器，起到缓和传动系统冲击的作用。从动盘被紧压在压盘和飞轮之间，磨损较大，属于易损件。从动盘的前后两面铆有摩擦片，摩擦片也是易损件。

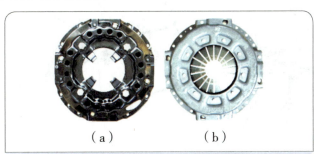

图 2-8 离合器从动盘（带扭转减震器）
（a）博格－贝克式；（b）膜片式

从动盘由从动盘本体、两片摩擦片、波形弹簧片、扭转减震器等组成。两片摩擦片由不含石棉的摩擦材料构成，具有较高的摩擦系数，良好的热稳定性、耐磨性和较高的机械强度。从动盘本体采用钢板制成，以减少从动盘总成的转动惯量。波形弹簧片可增加从动盘的轴向弹性，使离合器接合更柔和。扭转减震弹簧的作用是：降低传动系统中的扭转振动载荷和冲击载荷，减少振动噪声。

捷达轿车的从动盘有两级减振装置，第一级为预减振装置，第二级为减振弹簧，其扭转特性为变刚度特性。

3. 压紧机构（离合器压盘组件）

离合器压盘组件一般有两种类型：带螺旋弹簧和带膜片弹簧（见图2-9）。它们的区别是：将压盘压向和离开离合器从动盘的方式不同。

离合器压盘组件的功用：离合器压盘组件以足够的力将离合器从动盘压到飞轮上，从而有效地传递发动机扭矩。另外，当与离合器分离时它可使从动盘停止转动。

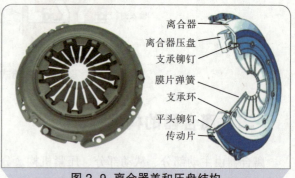

图2-9 离合器盖和压盘结构

4. 分离机构（离合器分离轴承）

离合器分离轴承的作用：离合器在接合与分离过程中平滑、平稳地移动压板分离杠杆或膜片弹簧。离合器分离轴承通常是密封的，是预润滑的球轴承，属于易损件。

5. 离合器操纵机构

离合器操纵机构分为液压式和拉索式两种，液压操纵机构省力、平稳、噪声小，在轿车上得到了广泛的应用。液压式操纵机构主要由离合器踏板、总泵、分泵和管路组成，如图2-10所示。

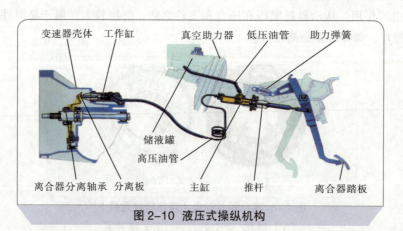

图2-10 液压式操纵机构

离合器拉索是一种免维护、免保养、免调整的操纵机构，具有自动补偿离合器分离自由行程的功能。拉索式操纵机构如图2-11所示。当离合器摩擦片磨损后，通过拉索自动调整机构的调节作用，可使拉索向下伸出一定量，以补偿自由行程，避免因磨损而带来的人工调整工作，并保证良好的传递转矩。

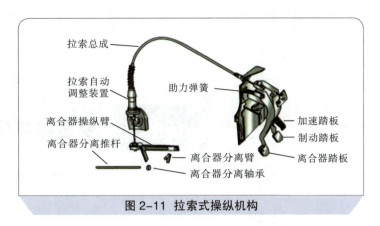

图 2-11 拉索式操纵机构

当驾驶员踏下离合器踏板时,拉索(钢丝绳索)拉动操纵臂,并带动分离臂推压分离轴承和分离推杆,分离推杆推动压板,压板通过中间板再推动膜片弹簧,使压盘移动从而放松从动盘,实现离合器分离。

课题二 汽车传动系统

任务三　变速器与分动器

变速器是一种能够改变汽车发动机输出转矩、转速范围以及动力旋转方向,并将动力传递给动力传动系统的一种装置。

变速器的功用有以下三种:

①改变传动比,扩大驱动轮转矩和转速的变化范围,以适应复杂变化的路况条件,如起步、加速、上坡等,同时使发动机在有利的工况下工作;

②提供倒挡,在保证发动机工作的旋转方向不改变的情况下使汽车能倒退行驶;

③利用空挡,中断动力传递,以使发动机能够起动、怠速,并便于变速换挡或进行动力输出。

汽车变速器按照变速换挡机构分类,可分为手动变速器、自动变速器和无级变速器(CVT)三种。手动变速器具有传动比高、维修方便等优点,至今依然是低档轿车的首选。自动变速器渐渐成为中、高档轿车的标准配置。在奥迪、本田的一些高档轿车中也应用了无级变速器。

一、手动变速器

1. 手动变速器结构

手动变速器结构

手动变速器是指通过拨动变速杆改变变速器内的齿轮啮合状态,改变传动比,从而达到变速目的的一种变速器。车辆的驱动方式不同,变速器的外部形状差异较大,但其基本组成结构是相同的,一般由动力传动机构、变速执行机构和减速输出机构组成。

离合器是动力传动机构的核心部分。离合器的结构与原理已介绍过,此处不再介绍。

变速执行机构是变速器的核心部分,是实现变速输出的部分。变速执行机构主要由变速齿轮及变速轴和拨叉机构组成。手动变速器按照变速轴的数目可分为二轴式和三轴式两种。

(1) 二轴式变速器

二轴式变速器(见图 2-12)普遍用于发动机前置前轮驱动的传动布置形式,如一汽大众生产的捷达轿车、上海通用的别克赛欧轿车。其主要由输入轴、输出轴、各挡位齿轮、各挡位同步器以及轴承组成。

（2）三轴式变速器

三轴式变速器（见图2-13）一般用于发动机前置后驱的传动布置形式，如东风EQ1092型汽车上的变速器。其主要由第一轴、第二轴、中间轴、各挡位齿轮、各挡位同步器以及轴承组成。但有些前置前驱的车型也采用了这类变速器，如1994年的本田－雅阁轿车。

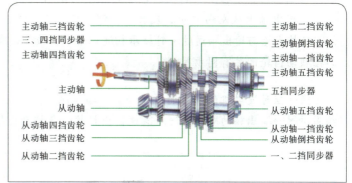

图2-12 二轴式变速器

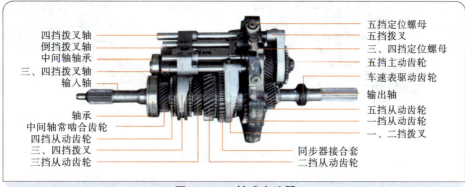

图2-13 三轴式变速器

2. 手动变速器原理

（1）二轴五挡变速器的工作原理

下面以捷达轿车采用的二轴五挡全同步式手动变速器为例，简单介绍手动变速器的原理。捷达轿车采用齿轮常啮合同步器式手动变速器，通过拨叉机构使同步器接合，从而使齿轮与输入或输出轴相连，如图2-14所示。

输入轴与离合器的从动盘通过花键相连，动力通过离合器从动盘进入变速器。在输入轴上从左向右分别装有一、倒、

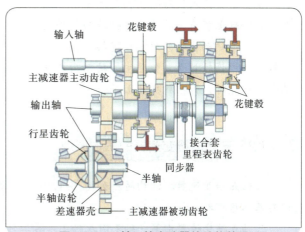

图2-14 二轴五挡变速器的结构简图

二、三、四、五挡主动齿轮。其中一、倒、二挡主动齿轮与输入轴花键相连，与输入轴一起旋转；而三、四、五挡主动齿轮通过滚针轴承与输入轴相连，可以在输入轴上自由转动。与之相反，在输出轴上从左向右分别装有一、倒、二、三、四、五挡被动齿轮，在被动齿轮中，一、倒、二挡齿轮与输出轴通过滚针轴承相连；而三、四、五挡齿轮则采用花键紧配合。同时在一、二挡被动齿轮间装有同步器。

换一挡时发动机的动力通过离合器→输入轴→一挡主动二齿轮→一挡被动二齿轮→一、二挡同步器→输出轴的顺序传送给减速输出机构。各挡动力传递路径如图2-15所示。

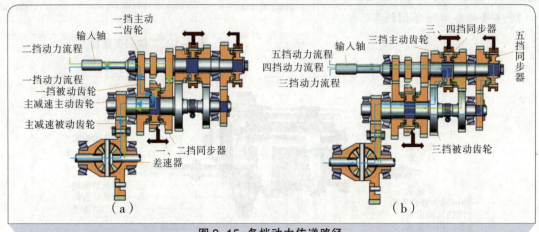

图2-15 各挡动力传递路径

（a）一、二挡动力流程；（b）三、四、五挡动力流程

两个相互啮合的齿轮的传动方向是一定的，若在两个齿轮中间再加入一个中间轮让三个齿轮相互啮合，则传递方向会发生变化。手动变速器的倒挡就是利用这个原理来传递动力的，如图2-16所示。

在变速器输入轴与输出轴之间还有一根倒挡轴，轴上装有倒挡惰轮，惰轮与倒挡的主动齿轮、被动齿轮为外啮合连接。当拨叉机构将倒挡惰轮拨至与倒挡主、被动齿轮相啮合的位置时，倒挡就被挂上了。

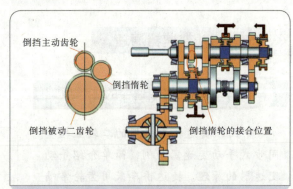

图2-16 手动变速器的倒挡原理

（2）三轴五挡变速器的工作原理

三轴五挡变速器的结构简图如图2-17所示。动力传递的路径虽与二轴式变速器有所不同，但其基本原理相同。

三轴五挡变速器由第一轴（输入轴）、第二轴（输出轴）、中间轴以及各轴上的齿轮组成。第一轴和第二轴在一条直线上。第一轴通过中间轴驱动第二轴以达到输出动力的目的。

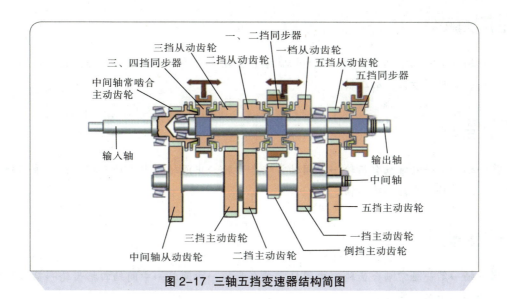

图 2-17 三轴五挡变速器结构简图

各挡动力传递路径如图 2-18 所示。

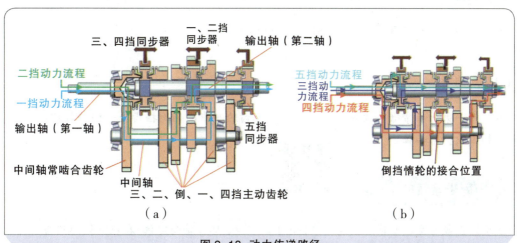

图 2-18 动力传递路径

(a) 一、二挡动力流程；(b) 三、四、五挡动力流程

各挡位动力传递路径如下：

1) 一挡

第一轴→第一轴常啮合齿轮→中间轴常啮合齿轮→中间轴→中间轴一挡齿轮→第二轴一挡齿轮→一、二挡同步器→第二轴。

2）二挡

第一轴→第一轴常啮合齿轮→中间轴常啮合齿轮→中间轴→中间轴二挡齿轮→第二轴二挡齿轮→一、二挡同步器→第二轴。

3）三挡

第一轴→第一轴常啮合齿轮→中间轴常啮合齿轮→中间轴→中间轴三挡齿轮→第二轴三挡齿轮→三、五挡同步器→第二轴。

4）四挡

第一轴→第一轴常啮合齿轮→中间轴常啮合齿轮→中间轴→中间轴四挡齿轮→第二轴四挡齿轮→四挡同步器→第二轴。

5）五挡

第一轴→三、五挡同步器→第二轴。

6）六挡

第一轴→第一轴常啮合齿轮→中间轴常啮合齿轮→中间轴倒挡齿轮→倒挡轴倒挡惰轮→第二轴倒挡齿轮→第二轴。

（3）同步器原理

同步器齿毂与变速器轴用花键连接，并用垫片和卡环作轴向定位。在花键毂两端与齿轮之间，各有一个青铜制成的锁环（也称同步环）。锁环上有短花键齿圈，花键齿的断面轮廓尺寸与齿轮及花键毂上的外花键齿均相同。同步器结构如图2-19所示。

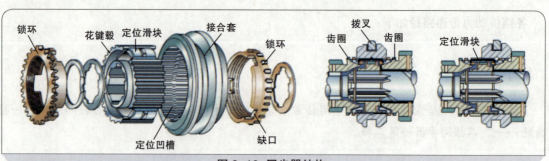

图2-19 同步器结构

在两个锁环上，花键齿对着接合套的一端都有倒角（称锁止角），且与接合套齿端的倒角相同。

三个滑块分别嵌合在花键毂的三个轴向槽,只有当滑块位于缺口的中央时,接合套与锁环的齿圈才能接合。

(4)变速器的自锁互锁机构

为了防止变速器在选挡、换挡时误挂挡或同时挂入两个挡位,在变速器中还加入了换挡自锁、互锁机构。

1)变速器自锁装置

止动螺栓通过与卡槽元件相配合来实现挡位限制,以防止脱落。挂挡后应保证接合套与接合齿圈的全部套合(或滑动齿轮换挡时,全齿长都进入啮合)。在振动等条件的影响下,操纵机构应保证变速器不自行挂挡或自行脱挡。因此,在操纵机构中设有自锁装置。换挡拨叉轴上方有三个凹坑(定位槽),上面有被弹簧压紧的钢珠(定位球)。当拨叉轴位置处于空挡或某一挡位置时,钢珠压在凹坑内起到自锁的作用,如图2-20所示。

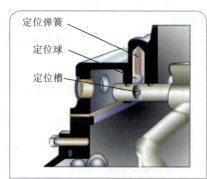

图2-20 变速器自锁装置

2)变速器互锁装置

利用换挡拨叉和支架联合控制挡位,以防止同时挂入两个或多个挡位。

当中间换挡拨叉轴移动挂挡时,另外两个拨叉轴被钢球锁住,以防止同时挂上两个挡位而使变速器卡死或损坏,起到了互锁作用,如图2-21所示。

3)变速器倒挡锁装置

利用限位块和限位片控制,只有当限位块和限位片脱开后,才能挂入倒挡;倒挡继动杆能防止倒挡脱落,如图2-22所示。

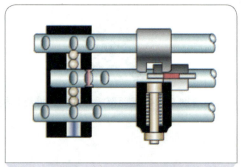

图2-21 变速器互锁装置

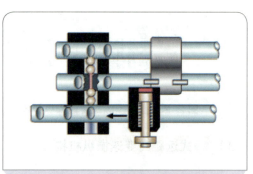

图2-22 变速器倒挡锁装置

当换挡杆下端（红色的长方块部分）向倒挡拨叉轴移动时，必须压缩弹簧才能进入倒挡拨叉轴上的拨块槽中，以防止汽车前进时误挂倒挡而导致零件损坏，起到了倒挡锁的作用。当倒挡拨叉轴移动挂挡时，另外两个拨叉轴被钢球锁住。

（5）变速器操纵机构

变速器操纵机构概述

变速器操纵机构的功用：驾驶员利用变速器来执行换挡操作，通过改变变速器的齿轮啮合状态，使变速器挂入某个挡位，并可根据路况使变速器退到空挡状态。

根据变速器变速杆与变速器相对位置的不同，可将变速器分为直接操纵式和远距离操纵式两种。

各种变速器的操纵机构基本相同，都包含两个重要部分：换挡拨叉和定位锁止装置。

1）直接操纵式变速操纵机构

直接操纵式变速操纵机构（见图2-23）一般由手柄、变速操纵杆、铰链、限位及防护装置、中间连接杆件构成。二汽东风EW1090-I型汽车、一汽解放CA1091型汽车变速器等均属于直接操纵式变速器。

2）远距离操纵式变速操纵机构

远距离操纵式变速操纵机构（见图2-24），也称遥控式换挡机构或换挡操纵装置。其一般由两大部分组成，一部分是变速器内部的杆系部分，另一部分是外部的远距离操纵部分，它们通过控制拨叉轴的运动及变速器壳体内的操纵机构连接实现选挡和换挡。内部杆系与直接操纵式变速操纵机构相似，外部远距离操纵部分可由杆或拉线组成。

远距离操纵式变速操纵机构包括杆式远距离变速操纵机构和拉线式远距离变速操纵机构。

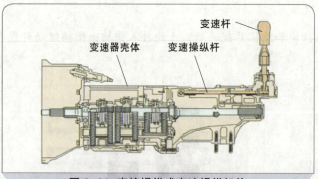

图2-23 直接操纵式变速操纵机构

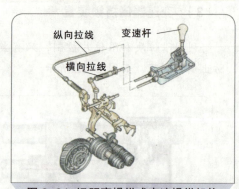

图2-24 远距离操纵式变速操纵机构

3）杆式远距离变速操纵机构

杆式远距离变速操纵机构（见图2-25）由换挡操纵杆、防护罩、换挡机构支座和换挡连接杆组成。沈阳金杯、上海大众桑塔纳的手动变速器采用的都是杆式远距离操纵机构。

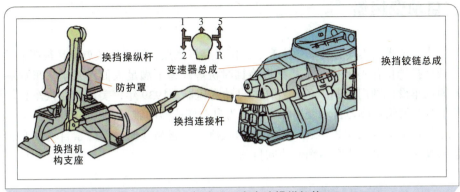

图 2-25 杆式远距离变速操纵机构

操纵机构损坏的主要体现：操纵机构损坏时，常出现铰链松旷、操纵杆手柄磨损、防护装置老化等情况。主要结构件——中间连接杆、变速操纵杆，在正常使用条件下不需要更换。

4）拉线式远距离变速操纵机构

拉线式远距离变速操纵机构如图 2-26 所示。上海大众波罗的手动变速器采用的就是拉线式远距离变速操纵机构。

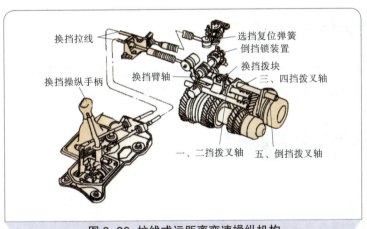

图 2-26 拉线式远距离变速操纵机构

操纵机构损坏的主要体现：操纵机构损坏时，常出现拉线磨损、变速杆手柄磨损或开裂、防护装置老化等情况，因此主要更换的零件有拉线组件、变速杆手柄、防护装置等，如图 2-27 所示。

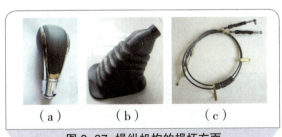

图 2-27 操纵机构的损坏方面

（a）换挡杆手柄；（b）换挡杆防尘罩；（c）换挡拉线

二、自动变速器

传统的手动变速器虽然具有传动效率高、工作可靠等优点，但它的缺点也是很明显的。例如，换挡操作复杂、换挡操作不平稳、不易把握换挡时机等。为了满足人们对乘坐汽车舒适、节能等的要求，各国汽车设计师们研制了各式各样的自动变速器。1939年，美国通用汽车公司首先在其轿车上装配了行星齿轮式液力自动变速器，被视为自动变速器的雏形。

自动变速器是指根据发动机转速、动力传动载荷、车速和其他操作因素自动改变变速器内齿轮啮合状态，改变传动比，从而达到变速的目的。

1. 自动变速器的分类

在自动变速器的发展过程中出现了多种结构形式，按照驱动方式、挡位数、变速齿轮的结构、变矩器的结构及换挡控制形式等各有不同。

（1）按照汽车的驱动方式分类

①后驱式自动变速器。
②前驱式自动变速器。前驱式自动变速驱动桥也称为自动变速驱动桥。

（2）按照前进挡的个数分类

早期的自动变速器只有2个或3个前进挡，而新型的自动变速器基本上均有4个前进挡，即设有超速挡，这类变速器结构复杂，但使发动机更具燃油经济性。

（3）按照变矩器的类型分类

①普通液力变矩器。
②综合液力变矩器。
③锁止离合器的液力变矩器。

普通液力变矩器只有涡轮、导轮和泵轮；综合液力变矩器在泵轮和其连接轴之间装有单向离合器的变矩器；带有锁止离合器的液力变矩器可以将变矩器的输入和输出部分连为一体，从而达到直接输出动力的目的。

（4）按照变速机构的类型分类

①行星齿轮式自动变速器。
②平行轴式自动变速器。

行星齿轮式自动变速器由于其体积小、传动比高等优点，所以在轿车中被广泛使用；而平行轴式自动变速器在本田的一些车型中被采用。

(5) 按照控制方式分类

按照控制方式的不同，可以将自动变速器分为液力控制自动变速器和电子控制自动变速器。

1) 液力控制自动变速器

通过机械的手段，将车速和节气门开度这两个参数转变为液压控制信号，通过控制换挡执行机构的动作，实现自动换挡。

2) 电子控制自动变速器

通过各种传感器，将汽车的整体运行参数转变为点信号并输入电脑，电脑根据这些信号按照设定的换挡规律向换挡执行元件发出指令，控制换挡。

2. 自动变速器的结构

由于车辆的驱动方式不同，故自动变速器的差异较大，但基本组成结构是相同的。与手动变速器相比，自动变速器同样可以分为动力输入部分、换挡执行部分和减速输出部分，不同的是手动变速器的动力输入部分是离合器，而自动变速器的动力输入部分为液力变矩器。

液力自动变速器由变矩器、机械式变速器（一般多采用行星齿轮）和电子—液压控制系统三部分组成。自动变速器实物如图2-28所示。

图2-28 自动变速器实物

（a）后驱式（行星齿轮式）；（b）前驱式（平行轴式）

3. 行星齿轮自动变速器

(1) 液力变矩器

液力变矩器主要由可旋转的泵轮、涡轮和导轮三个元件组成，如图2-29所示。液力变矩器是装在发动机和自动变速器之间的液力元件，它以液体为传力介质，将发动机的动力传送给变速器。液力变矩器的结构和性能决定着自动变速器的传动效率，相当于手动变速器的离合器装置,因其质量较大、惯性大,所以又起到飞轮的作用。液力变矩器的变矩原理如图 2-30 所示,导轮对动力传动的作用如图 2-31 所示,在图 2-32 中导轮起增扭的作用,锁止离合器的作用如图 2-33 所示。

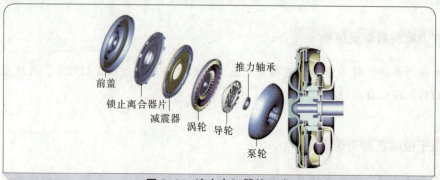

图 2-29 液力变矩器的组成

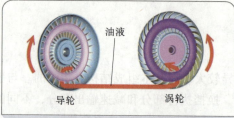

图 2-30 液力变矩器的变矩原理

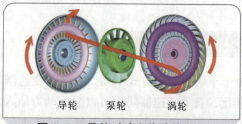

图 2-31 导轮对动力传动的作用

液力变矩器的优点:目前,汽车自动变速器中所用的液力变矩器都是综合式液力变矩器,它综合利用了液力耦合器和液力变矩器的优点,传递动力更加平稳可靠,同时大大提高了工作效率。综合式液力变矩器是在三元件液力变矩器的基础上增加了单向离合器和锁止装置。

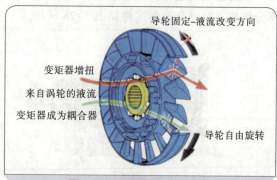

图 2-32 导轮起增扭的作用

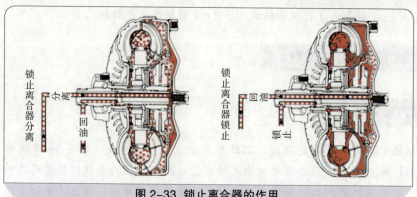

图 2-33 锁止离合器的作用

① 泵轮——主动部分，将发动机动力变成油液动能。
② 涡轮——输出部分，将动力传至机械式变速器的输入轴。
③ 导轮——反作用元件，它对油液起反作用，实现增扭。

1）导轮固定 – 液流改变方向

当汽车行驶阻力大时，涡轮转速低于泵轮转速，从涡轮流入导轮的油液方向与泵轮旋转方向相反，导轮对油流起反作用，实现增扭，以克服增大的阻力。

2）导轮自由旋转

当汽车行驶阻力小时，涡轮转速提高至与泵轮转速接近，此时从涡轮流入导轮的油液方向与泵轮旋转方向趋于一致，导轮开始自由旋转以减小阻力。

锁止离合器的作用：当汽车行驶阻力小时，发动机转速较高，此时不需要增扭，锁止离合器将变矩器的泵轮和涡轮锁住，可以提高传动效率，能节油5%左右。

在汽车行驶阻力大时，发动机转速降低，此时锁止离合器分离，实现增扭。

（2）变速机构

行星齿轮自动变速器变速机构所采用的变速齿轮是行星齿轮。目前，绝大多数汽车的自动变速器采用的是行星齿轮变速机构，行星齿轮机构由于其齿轮总是处于啮合状态，故可使换挡迅速、平稳、准确，而不会产生齿轮碰撞或不完全啮合的现象。

行星齿轮变速器通常采用两个行星齿轮排来实现各挡变速比。行星齿轮排由齿圈、行星齿轮、行星架、太阳轮等元件组成，任一元件固定，其余两个作输入或输出用。多片离合器和制动器是分别对这些元件进行接合、制动来实现换挡的装置。图2-34所示为自动变速器行星齿轮机构的配合示意图，图2-35所示为自动变速器行星齿轮机构的分解图。

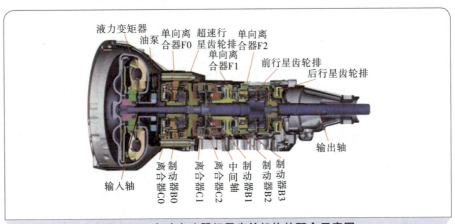

图2-34 自动变速器行星齿轮机构的配合示意图

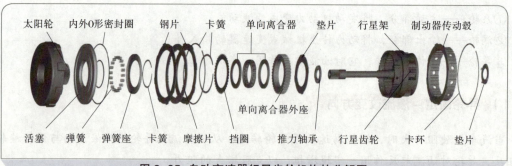

图 2-35 自动变速器行星齿轮机构的分解图

行星齿轮机构：行星齿轮机构行星排的多少因挡位数的多少而异，一般情况下使用 2~3 个行星齿轮排。单排的行星齿轮机构主要由一个太阳轮（中心轮）、一个行星架、一个齿圈和几个行星齿轮组成，如图 2-36 所示。

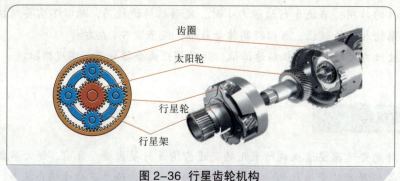

图 2-36 行星齿轮机构

在正常情况下，一个行星齿轮排有三个自由度，即当行星排中的三个元件中的任意一个作为动力的输入轮时，其他的元件都旋转，不能起到传递动力的目的。若用行星齿轮机构传递动力，则必须对行星齿轮排中的一个元件加以固定，使其变为两个自由度。

图 2-37 所示为行星齿轮机构元件被固定后的动力传递方式。行星齿轮机构各部件的工作状态如表 2-1 所示。

由于行星齿轮机构处于常啮合状态，所以正常情况下只要变速器保持良好润滑，一般不易损坏。损坏形式主要有：齿轮间隙超大、齿面硬伤、剥落、异常磨损、烧结或凹点，齿轮或齿架变形。由于整个行星齿轮机构是一整套精密配合的机构，只要其中某个主要零件（如太阳轮、行星轮或行星架）发生损坏，一般是更换整套行星齿轮机构，而不是更换单个齿轮。

换挡执行元件：是指行星齿轮机构中用于控制换挡的多片摩擦式离合器、制动器及换挡单向离合器。

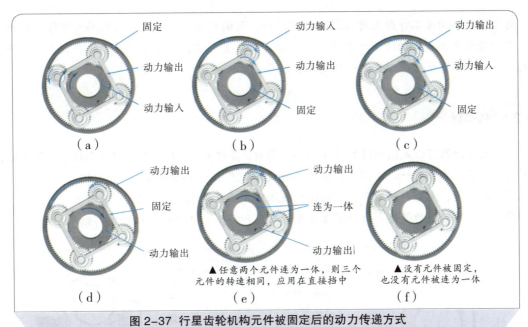

图 2-37 行星齿轮机构元件被固定后的动力传递方式

(a),(b)减速传动;(c)加速传动;(d)反向减速传动(倒挡);(e)等速传动(直接挡);(f)不传动动力(空挡)

表 2-1 行星齿轮机构各部件的工作状态

状态	固定	动力输入部件	动力输出部件	传动状态	旋转方向
1	齿圈	太阳轮	行星架	减速传动	方向相同
2	齿圈	行星架	太阳轮	加速传动	方向相同
3	太阳轮	齿圈	行星架	减速传动	方向相同
4	太阳轮	行星架	齿圈	加速传动	方向相同
5	行星架	太阳轮	齿圈	减速传动	方向相反
6	行星架	齿圈	太阳轮	加速传动	方向相反

1) 离合器

自动变速器中通常使用的是多片式离合器,包括离合器壳、摩擦片、钢片、回位弹簧、回位弹簧座、油封、压盘和挡圈等。离合器的结构与工作状态如图 2-38 所示。

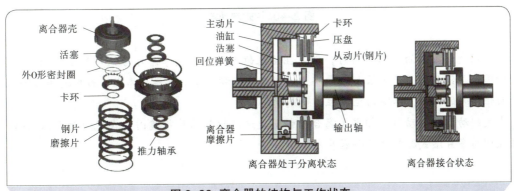

图 2-38 离合器的结构与工作状态

离合器片的摩擦工作面上有粗糙的摩擦材料,而钢片的工作面是光滑的而没有摩擦材料。油液压力使离合器毂内的活塞把离合器的摩擦片压紧在一起,使离合器处于接合状态。如油液被排出,回位弹簧使活塞回位,而使离合器处于分离状态。

2) 制动器

常见的制动器有带式制动器和片式制动器两种,其作用是:将行星排中太阳轮、行星齿轮、行星架三个基本元件之一加以固定,使之不能旋转,产生不同的传动方向或速比。

带式制动器,主要由制动带、制动毂、液压缸及活塞等组成,如图 2-39 所示。

带式制动器的制动带夹紧驱动装置常见的有三种类型:直杆式、杠杆式、钳形杆式。

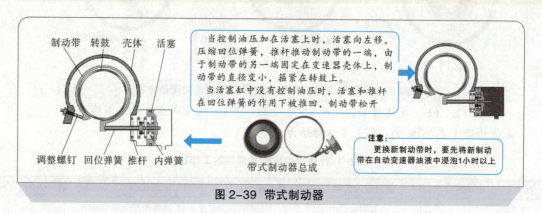

图 2-39 带式制动器

片式制动器由制动器毂、制动器活塞、回位弹簧、钢片和摩擦片等组成,如图 2-40 所示。

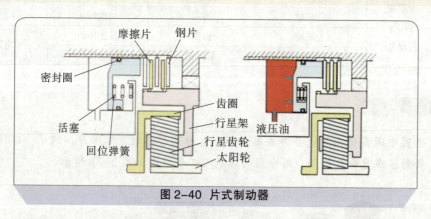

图 2-40 片式制动器

当活塞受到控制油压的作用时,活塞在活塞缸内运动,使摩擦片与钢片相互接触,结果在每个摩擦片与钢片之间产生很大的摩擦力,使行星架锁定在变速器壳体上;当控制油压降低时,由于回位弹簧的作用,活塞回至原位,使制动解除。

片式制动器的制动毂(相当于离合器毂)是通过钢片的外花键固定在变速器壳体上的,其工作原理与多片湿式摩擦片离合器基本相同。

(3) 液压控制系统

液压控制系统由各种阀体、滑阀、弹簧、钢球等组成，如图2-41所示。根据驾驶员的意图和行驶条件（节气门开度以及车速信号等）的需要，利用控制液压阀等元件控制液压油的输出释放，通过操纵离合器和制动器的动作，控制行星齿轮机构，从而实现自动升降挡。其结构主要分为油压控制装置、换挡控制装置、变矩器锁止控制装置三个部分。它们是自动变速器的重要组成部分。

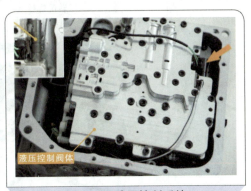

图2-41 液压控制系统

液压控制系统的组成零件如下：液压控制系统的组成零件较多，按其功能分类，可分为以下几类。

① 主油路：油泵、主调压阀、次调压阀。
② 润滑冷却：散热器、冷却器。
③ 控制信号：节气门阀、速控阀、手动阀。
④ 换挡控制：换挡阀。
⑤ 换挡品质：节流阀、缓冲阀、正时阀、蓄压器等。
⑥ 锁止控制：锁止信号阀、中继阀等。

1）油泵

油泵为变速器液压系统提供压力油，从而为变速器中的元件提供传动压力，并且能够起到润滑和冷却的作用。

自动变速器上常见的油泵有三种：内啮合齿轮泵、转子泵、叶片泵。目前，内啮合齿轮泵应用较普遍，如图2-42所示。

2）阀体

液压控制系统除了执行元件以外，大部分控制阀都集中安装在一块或几块组合在一起的阀板上，阀和阀板的总成称作阀体，如图2-43所示。电控变速器的电磁阀通常装在阀体上。阀体的作用：根据发动

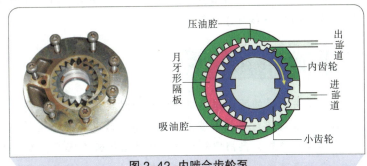

图2-42 内啮合齿轮泵

机和汽车的负荷及驾驶员的需要，控制输出到不同执行机构的油压。

阀体多数是由铝或铁铸造加工而成的。阀体有许多精加工的油孔和油道，油液通过一定的油道与油孔流入和流出阀体。虽然一部分油道与油孔加工在变速器壳和油泵壳上，但是大多数还是在阀体上。变速器的大部分阀安装在阀体上，同样也安装有许多不同的单向球阀。阀体上阀的作用是控制通过变速器油液的通断或调节油液的流量。可以通过一个阀或多个阀控制流经油道和油孔的油液。

课题二 汽车传动系统

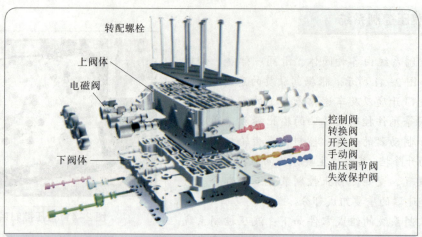

图 2-43 阀体分解图

3）油冷却系统

为了保证自动变速器的液压系统在适宜的温度范围内正常工作，防止因油温过高导致机械部分烧坏，一般情况下，汽车自动变速器均配置了油冷却系统。油冷却系统一般由散热器、进出加油管组成，有的自动变速器单独配备了散热器冷却风扇，有的自动变速器则使用发动机冷却系统的冷却风扇。

4）自动变速器油的功能

自动变速器油的功能是传递动力转矩、控制自动变速器的离合器和制动器工作以及润滑、清洁和冷却自动变速器。由于自动变速器在高温、高速的环境下工作，工作状况比较恶劣，为了保证自动变速器正常工作，必须认真执行对应车辆的制造厂家的规定，加强对自动变速器油的选用、加油方法、用油量、检查方法和换油间隔行程等的操作。否则，自动变速器很容易发生故障，而且会影响自动变速器的使用寿命。

（4）变速操纵机构

自动变速器的变速操纵机构相对手动变速器要简单得多。由于自动变速器在换挡过程中并不需要驾驶员进行换挡干涉，只需要根据情况选择合适的挡位模式，在行驶的过程中通过调节加速踏板的位置，换挡控制系统即可根据加速踏位置和各种传感器返回的信号进行判断换挡。

自动变速操纵机构由操纵杆、操纵拉索、防护装置及操纵面板等组成。自动变速操纵面板如图 2-44 所示。

4. 平行轴式自动变速器简介

平行轴式自动变速器与行星齿轮式自动变速器一样，也是由机械传动部分和电控液压部分组成的。平行轴式自动变速器是由三根相互平行的轴，即输入轴、输出轴、中间轴组成的，轴上分别安装着几对常啮合齿轮。图 2-45 所示为三平行轴式自动变速器的结构示意图。

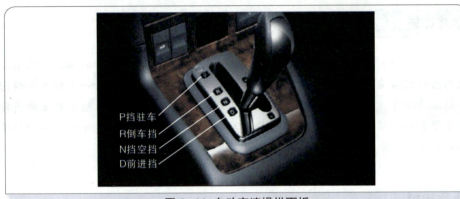

图 2-44 自动变速操纵面板

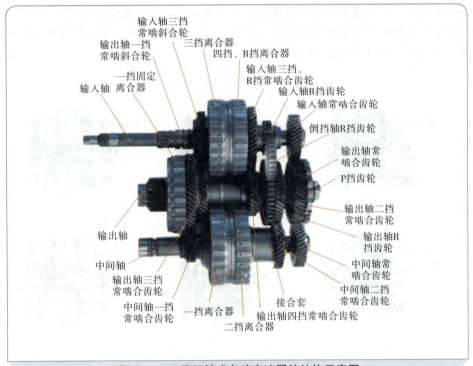

图 2-45 三平行轴式自动变速器的结构示意图

平行轴式自动变速器机械传动部分的最大特点是：在变速器壳体上装着两根或三根相互平行的轴，每根轴上都装着几个常啮合的齿轮，常啮合齿轮的动力传递是通过离合器或单向离合器完成的。

（1）输入轴

输入轴（主轴）通过轴上的花键与涡轮键配合，液力变矩器的涡轮旋转时，输入轴便旋转，它是自动变速器的动力输入元件，轴上的键配合着主动轴惰轮，它与输出轴上的惰轮常啮合。

（2）输出轴

输出轴（第二轴）是通过常啮合齿轮或主动轴驱动中间轴，再由中间轴通过常啮合齿轮把主动轴的动力传递给输出轴，再由输出轴传递给驱动轮，该轴上套装着一个输入轴惰轮，它既与主动轴惰轮常啮合，又与中间轴上的惰轮常啮合，主动轴惰轮旋转，输出轴上的惰轮也一同旋转，于是便带动中间轴上的惰轮一同旋转，因中间轴与中间轮轴惰轮配合，中间轴便顺时针旋转。由此可知，只要主动轴旋转，中间轴便旋转。

（3）中间轴

中间轴（副轴）上花键配合一中间惰轮，只要发动机运转，该齿轮便通过与之常啮合的输出轴惰轮在主动惰轮的带动下做与主动轴旋转方向相同的旋转运动，于是带动中间轴旋转。

各挡位动力传递流程（见图2-46）如下：

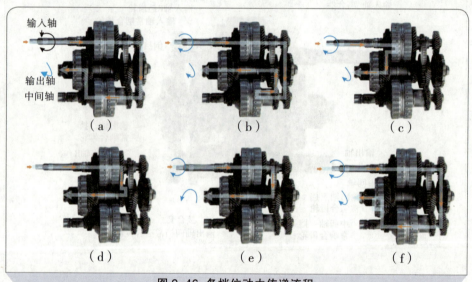

图2-46 各挡位动力传递流程

（a）一挡；（b）二挡；（c）三挡；（d）四挡；（e）倒挡；（f）L挡

1）一挡

输入轴→输入轴常啮合齿轮→输出轴常啮合齿轮→一挡离合器→中间轴常啮合齿轮→中间轴一挡常啮合齿轮→输出轴一挡常啮合齿轮→输出轴。

2）二挡

输入轴→输入轴常啮合齿轮→输出轴常啮合齿轮→中间轴常啮合齿轮→二挡离合器→中间轴二挡常啮合齿轮→输出轴二挡常啮合齿轮→输出轴。

3）三挡

输入轴→三挡离合器→输入轴三挡常啮合齿轮→输出轴三挡常啮合齿轮→输出轴。

4）四挡

输入轴→四、倒挡离合器→输入轴四、倒挡常啮合齿轮→输出轴四挡常啮合齿轮→输出轴。

5）倒挡

输入轴→四、倒挡离合器→输入轴四、倒挡常啮合齿轮→倒挡轴倒挡齿轮→输出轴四挡常啮合齿轮→输出轴。

6）L挡

输入轴→输入轴常啮合齿轮→输出轴常啮合齿轮→一挡离合器→中间轴一挡常啮合齿轮→输出轴一挡常啮合齿轮→一挡固定离合器→输出轴。

三、分动器

分动器也是一个齿轮传动系统，它单独固装在车架上，其输入轴与变速器的第二轴用万向传动装置连接；其输出轴有若干个，分别经万向传动装置与各驱动桥相连，根据行车的需要将变速器输出的动力分配给各驱动桥。在多轴驱动的汽车上，为了将变速器输出的动力分配到各个驱动桥，在变速器之后装设有分动器。

分动器可以分为单速式和双速式两种，主要由壳体、齿轮传动系统和操纵机构等组成。分动器实物与四轮驱动汽车总体布置如图2-47所示。

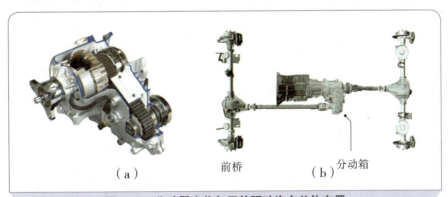

（a） 前桥 （b） 分动箱

图2-47 分动器实物与四轮驱动汽车总体布置

（a）实物；（b）总体布置

目前，绝大多数分动器具有高速挡和低速挡两个挡位，高速挡用于在良好的道路上行驶；挂入低速挡后，前桥驱动，适用于在无路地段、泥泞、砂土路段或陡坡等恶劣的道路条件下行驶。

如图 2-48 所示。

当分动器挂入低速挡工作时，其输出转矩较大，为避免后桥超载荷，此时前桥必须驱动，承担部分载荷。

通过分动器操作可以选择二轮驱动（2WD）或者四轮驱动（4WD），同时还可以进行分动器高速挡（H）和低速挡（L）之间的变速。

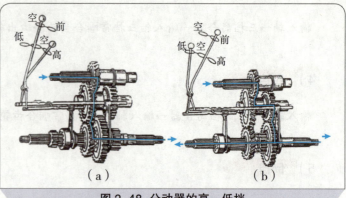

图 2-48 分动器的高、低挡
（a）高挡后轮驱动；（b）低挡前后轮驱动

1. 分动器操纵要求

非前桥驱动，不得挂入低速挡；低速挡未脱出，不得摘下前桥驱动。

当换挡操纵杆挂入低速挡时，只需将杆上端推入前方，此时，操纵杆绕轴逆时针转动，使下臂推压螺钉，带动前桥操纵杆向接前桥的方向转动（挂入低速挡，前桥已接上）。

若将前桥操纵杆的上端拉向后方（摘下前桥时），则螺钉向前推动换挡操纵杆，使之先退出低速挡位置。分动器操纵机构如图 2-49 所示。

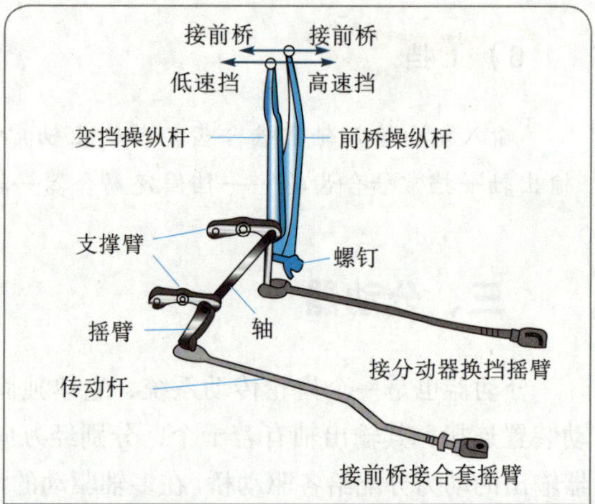

图 2-49 分动器操纵机构

2. 分动器结构原理

换挡操纵杆中部的孔松套在轴上，其下端传动杆与分动器换挡摇臂相连，前桥操纵杆的中部则固定在轴的一端。下端装有螺钉，螺钉头部可以顶靠着换挡操纵杆的下部。轴的另一端固定在摇臂上，其臂端经传动杆与前桥接合套摇臂相连。

任务四　万向传动装置

在汽车传动系统及其他系统中，为了实现一些轴线相交或相对位置经常变化的转轴之间的动力传递，必须采用万向传动装置。万向传动装置一般由万向节和传动轴组成，有时还要有中间支承。

一、万向节

万向节是实现变角度动力传递的机件，用于需要改变传动轴线方向的位置。

（1）万向节的分类

按万向节在扭转方向上是否有明显的弹性可分为刚性万向节和挠性万向节。刚性万向节又可分为不等速万向节（常用的为十字轴式）、准等速万向节（如双联式万向节）和等速万向节（如球笼式万向节）三种。等速、不等速万向节的结构如图2-50、图2-51所示。

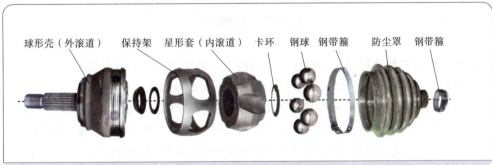

图2-50　等速万向节结构

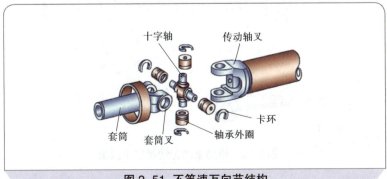

图2-51　不等速万向节结构

（2）不等速万向节

十字轴式刚性万向节为汽车上广泛使用的不等速万向节，允许相邻两轴的最大交角为15°～20°，由一个十字轴、两个万向节叉和四个滚针轴承等组成。两万向节叉和传动轴叉上的孔分别套在十字轴的两对轴颈上。当主动轴转动时，从动轴既可随之转动，又可绕十字轴中心在任意方向摆动。在十字轴轴颈和万向节叉孔间装有滚针轴承，滚针轴承外圈靠卡环轴向定位。为了润滑轴承，在十字轴上一般安有注油嘴，并有油路通向轴颈，润滑油可从注油嘴注到十字轴轴颈的滚针轴承处。

二、传动轴

在有一定距离的两部件之间采用万向传动装置传递动力时，一般需要在万向节之间安装传动轴。传动轴结构如图2-52所示。有些轿车没有传动轴，由变速器输出轴直接驱动左、右半轴，如富康、桑塔纳、夏利、奥迪等。有些汽车的传动轴是两段式的，在连接处装有中间轴承，这种类型的传动轴可有效避免因共振造成的破坏。

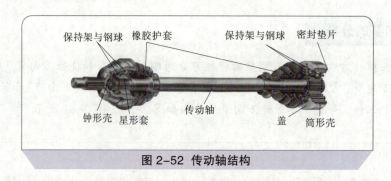

图2-52 传动轴结构

传动轴的作用是将变速器的转矩传递到驱动桥上。常见的传动轴有管式的，也有实心的，管式传动轴质量轻，应用较广，一般由无缝钢管或低碳钢板焊接而成。

若传动轴仅为一根高转速长轴，当转速高达某一数值时就会受到破坏，此时的转速即为该轴的临界转速（危险转速）。而临界转速的高低取决于轴的长度、断面尺寸、轴间夹角的大小、形状及轴平衡情况。所以，传动轴一般为两段且有平衡要求。传动轴的运动状态示意图如图2-53所示。

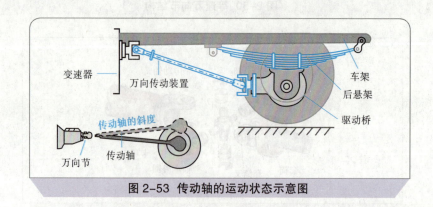

图2-53 传动轴的运动状态示意图

若两部件之间的距离会发生变化,而万向节又没有伸缩功能,则还要将传动轴做成两段,用滑动花键连接。为减小传动轴花键连接部分的轴向滑动阻力和磨损,需加注润滑脂进行润滑,也可以对花键进行磷化处理或喷涂尼龙层,或是在花键槽内设置滚动元件,如图 2-54 所示。

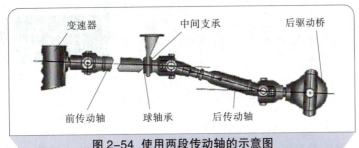

图 2-54 使用两段传动轴的示意图

三、传动轴中间支承

图 2-55 所示为一种中间支承结构,它实际上是一个通过支承座和缓冲垫安装在车身(或车架)上的轴承,用于支承传动轴的一端。橡胶缓冲垫可以补偿车身(或车架)变形和发动机振动对于传动轴位置的影响。

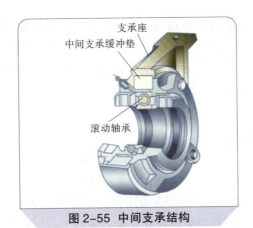

图 2-55 中间支承结构

任务五　驱动桥

驱动桥由主减速器、差速器、半轴和驱动桥壳等组成。其主要功用是：将万向传动装置传来的发动机动力经过降速增矩分配到驱动车轮。

驱动桥按结构形式一般可分为非断开式和断开式两种。

一、非断开式驱动桥

非断开式驱动桥（见图2-56）也称为整体式驱动桥，它由驱动桥壳、主减速器、差速器和半轴组成。

驱动桥壳由中间的主减速器壳和两边与之刚性连接的半轴套管组成，通过悬架与车身或车架相连。两侧车轮安装在此刚性桥壳上，半轴与车轮不可能在横向平面内做相对运动。

输入驱动桥的动力首先传到主减速器主动小齿轮，经主减速器减速后转矩增大，再经差速器分配给左右两半轴，最后传至驱动车轮。

二、断开式驱动桥

断开式驱动桥（见图2-57）由车轮、摆臂、主减速器、减震器、弹性元件和半轴组成。

为了与独立悬架相适应，驱动桥壳需要分为用铰链连接的几段，更多的是只保留主减速器壳（或带有部分半轴套管）部分，主减速器壳固定在车架或车身上，这种驱动桥称为断开式驱动桥。为了适应驱动轮独立上下跳动的需要，差速器与车轮之间的半轴也要分段，各段之间用万向节连接。

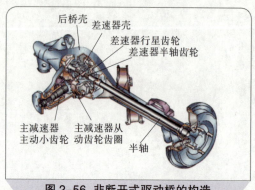

图2-56　非断开式驱动桥的构造

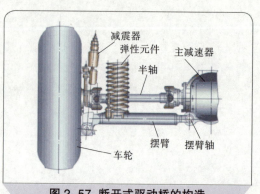

图2-57　断开式驱动桥的构造

1. 主减速器

主减速器由一对相对啮合的大、小斜齿轮构成，小齿轮与输出轴制成一体，大齿轮由铆钉与差速器的外壳连在一起，如图 2-58 所示。

图 2-58 主减速器实物与安装位置

（a）圆锥齿轮式（单级主减速器）；（b）准双曲面齿轮式（单级主减速器）；（c）圆柱齿轮式（单级主减速器）

主减速器的工作原理：主减速器是在传动系统中起降低转速、增大转矩作用的主要部件，当发动机纵置时还具有改变转矩旋转方向的作用。它是依靠齿数少的齿轮带动齿数多的齿轮来实现减速的，若采用圆锥齿轮传动，则可以改变转矩旋转方向。将主减速器布置在动力向驱动轮分流之前的位置，有利于减小其前面传动部件（如离合器、变速器、传动轴等）所传递的转矩，从而减小这些部件的尺寸和质量。

主减速器的类型如下：

1）按参加减速传动的齿轮副数目分类

主减速器按参加传动的齿轮副数目可分为单级主减速器和双级主减速器。

2）按主减速器传动比挡位数分类

主减速器按传动比挡位数可分为单速式和双速式两种。

3）按减速齿轮副结构分类

主减速器按减速齿轮副结构可分为圆柱齿轮式、圆锥齿轮式和准双曲面齿轮式等。

2. 差速器

汽车差速器是一个差速传动机构，用来保证各驱动轮在各种运动条件下的动力传递，能自动使两侧驱动轮以不同转速行驶，避免轮胎与地面间打滑。主传动及差速器结构与零件拆解如图 2-59 所示。

主减速器、差速器概述

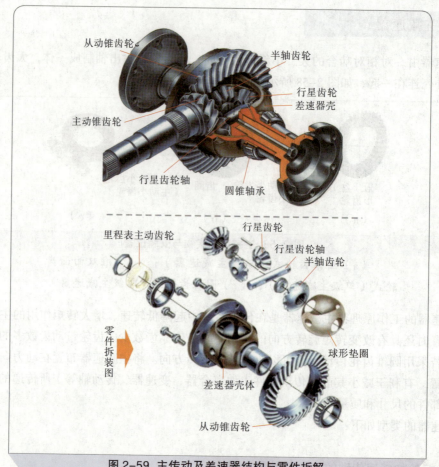

图 2-59 主传动及差速器结构与零件拆解

当汽车转弯行驶时,外侧车轮比内侧车轮所走过的路程长;当汽车在不平路面上直线行驶时,两侧车轮走过的曲线长度也不相等;即使路面非常平直,但由于轮胎制造尺寸误差,磨损程度不同,承受的载荷不同或充气压力不等,导致各个轮胎的滚动半径实际上不可能相等。若两侧车轮都固定在同一刚性转轴上,两轮角速度相等,则车轮必然出现边滚动边滑动的现象。两轮不等距离运动如图 2-60 所示。

车轮对路面的滑动不仅会加速轮胎磨损,增加汽车的动力消耗,而且可能导致转向和制动性能的恶化。若

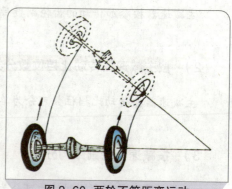

图 2-60 两轮不等距离运动

主减速器从动齿轮通过一根整轴同时带动两侧驱动轮,则两侧车轮只能以同样的转速转动。为了保证两侧驱动轮处于纯滚动状态,就必须改用两根半轴分别连接两侧车轮,而由主减速器从动齿轮通过差速器分别驱动两侧半轴和车轮,使它们可以不同角速度旋转。这种装在同一驱动桥两侧驱动轮之间的差速器称为轮间差速器。

差速器可分为普通齿轮式和防滑式差速器。普通齿轮式又分为圆锥齿轮式和圆柱齿轮式两种,其中以普通锥齿轮式差速器应用较广。目前,国产轿车及其他类型的汽车基本都采用了对称式锥齿轮普通差速器。对称式锥齿轮差速器由行星齿轮、半轴齿轮推力垫片、行星齿轮轴(十字轴或

一根直销轴）和差速器壳等组成，如图2-61所示。与差速器壳一起转动（公转）的行星齿轮拨动两侧的半轴齿轮转动，当两侧车轮所受阻力不同时，行星齿轮还要绕自身轴线转动——自转，实现对两侧车轮的差速驱动。

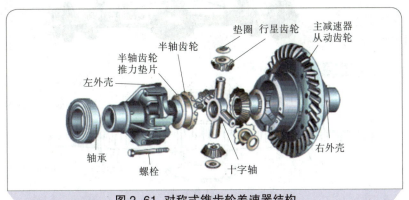

图2-61 对称式锥齿轮差速器结构

3. 半轴与桥壳

半轴是在差速器与驱动轮之间传递动力的实心轴，用于将差速器半轴齿轮的输出转矩传到驱动轮或轮间减速器上，半轴实物与结构如图2-62所示。其内端用花键与差速器的半轴齿轮连接，而外端用凸缘与驱动轮的轮毂相连，半轴齿轮的轴颈支承于差速器壳两侧轴颈的孔内，而差速器壳又以其两侧轴颈借助轴承直接支承在主减速器壳上。

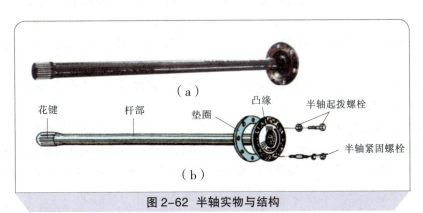

图2-62 半轴实物与结构
（a）实物；（b）结构

驱动桥壳的作用是：支承并保护主减速器、差速器和半轴等，使左右驱动车轮的轴向相对位置固定，同从动桥一起支承车架及其上的各总成质量；汽车行驶时，承受由车轮传来的路面反作用力和力矩，并经悬架传给车架。桥壳实物与结构如图2-63所示。

课题二 汽车传动系统

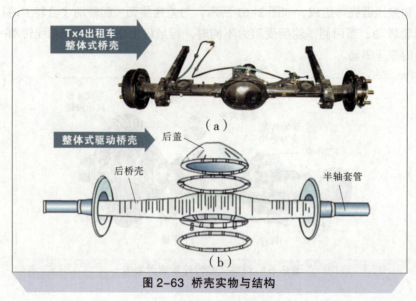

图 2-63 桥壳实物与结构
（a）实物；（b）结构

1. 传动系统是由离合器、变速器、传动轴、主减速器、差速器、半轴等组成的，其功用是：将发动机输出的动力按照驾驶员的意愿传递给车轮，从而实现车辆的前进和后退。
2. 目前汽车上普遍采用膜片弹簧式离合器，离合器的功用是：将发动机的动力可靠地传递给传动装置，必要时断开发动机的动力传递，以便于驾驶员操控汽车实现起步、停车及换挡加减速等。
3. 变速器可以分为手动变速器和自动变速器两种，其作用是：改变发动机动力输出，并将动力传递给主减速器和差速器。
4. 万向传动装置是实现变角度动力传递的组件，用于需要改变轴线方向传动的位置。
5. 主减速器的功用是：将输入的转矩增大并降低转速；当发动机纵向布置时还具有改变转矩旋转方向的作用。主差速器是能使同一驱动桥的左右两车轮以不同角速度旋转的机构。

思考与练习

简答题：

1. 简述离合器的组成及作用。
2. 简述变速器的作用及分类。
3. 简述三轴五挡和二轴五挡变速器的工作原理。
4. 简述行星齿轮组的工作原理。
5. 简述万向传动装置和主减速器、差速器的作用。

课题三　汽车行驶系统

[知识目标]

1. 掌握悬架的基本组成及分类。
2. 掌握车架、车桥的基本组成及功用。
3. 掌握车轮及轮胎的基本构造和功用。

[技能目标]

能够描述独立悬架与非独立悬架的区别。

[素养目标]

1. 提高自我辨证思考、综合分析的能力。
2. 做到专业知识和思想觉悟同步发展。

课题三 汽车行驶系统

任务一　悬架

悬架是车架（或车身）与车桥（或车轮）之间一切动力连接装置的总称。它的功能是：将路面作用在车轮上的力和力矩传递到车架（或车身）上，保证汽车正常行驶。

目前，汽车的悬架一般由弹性元件、减震器、导向机构和横向稳定器组成。

一、弹性元件

弹性元件是指钢板弹簧、螺旋弹簧、扭杆弹簧、油气弹簧和空气弹簧等，如图 3-1 所示。弹性元件用来承受并传递垂直载荷，缓和汽车在不同路面上行驶所引起的冲击。

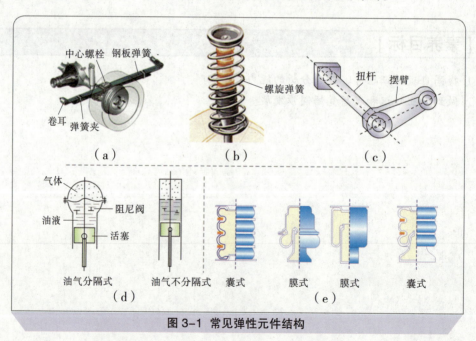

图 3-1　常见弹性元件结构

（a）钢板弹簧；（b）螺旋弹簧；（c）扭杆弹簧；（d）油气弹簧；（e）空气弹簧

二、减震器

减震器有筒式减震器、阻力可调式减震器和充气减震器。减震器剖视图如图 3-2 所示。减震装置用来迅速衰减车身的车架振动。

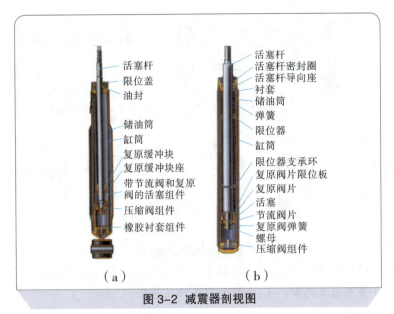

图 3-2 减震器剖视图

(a) 后减震器；(b) 前减震器

三、导向机构

导向机构控制摆臂式杠杆组成，有单杆式和多边杆式。导向装置用来传递纵向力、侧向力和由此产生的力矩。

四、横向稳定器

轿车悬架很软，即固有频率很低，为提高悬架的侧倾角刚度，减小横向倾斜，常在悬架中添设横向稳定器（杆），以保证良好的操纵稳定性。

悬架根据结构可分为非独立悬架和独立悬架两种基本类型。

二者的主要区别如下：当一侧车轮因道路不平而相对车架发生位置变化，使用非独立悬架时，另一侧车轮位置同样也有变化；而使用独立悬架时，另一侧车轮则没有变化。

1. 独立悬架

独立悬架指将两侧车轮各自独立地与车架（或承载式车身）弹性连接，两侧车轮可以单独运动，互不影响。由于它能使高速运行的汽车获得良好的平顺性和操纵稳定性，因此在汽车上得到了广泛的应用。当然，它也存在结构复杂、制造成本高、维修保养不便以及对轮胎磨损严重等缺点。

按照车轮的运动形式，可以将独立悬架分为横臂式、纵臂式、烛式、麦弗逊式和单斜臂式等几种，如图 3-3 所示。

另外，近年来新型的多连杆式独立悬架的应用也日益广泛。

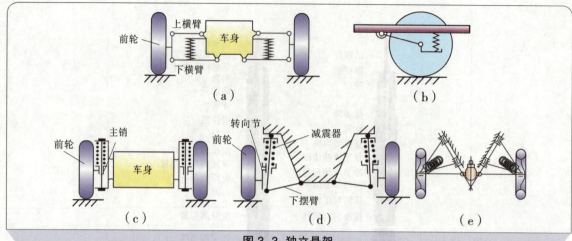

图 3-3 独立悬架
（a）横臂式独立悬架；（b）纵臂式独立悬架；（c）烛式悬架；
（d）麦弗逊式悬架；（e）单斜臂式独立悬架

2. 非独立悬架

非独立悬架（见图 3-4）又称为整体式悬架，其特点是：两侧车轮由一根整体式车桥相连，车轮和车桥一起通过悬架与车架连接，左右车轮的运动相互影响，容易产生颤动摇摆现象。非独立悬架具有零件少、结构简单、坚固耐用、承载能力强、便

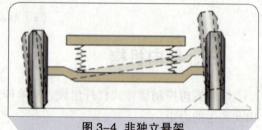

图 3-4 非独立悬架

于维护等优点，因此，在货车，特别是大、重型货车上得到了广泛的应用。由于其乘坐舒适性较差，故而在乘用车上很少见到它的身影，只有极少数车辆装备于后悬架上，如北京吉普切诺基客车、沈阳金杯轻型客车等。

非独立悬架的分类如下：
根据采用的弹性元件的不同，可以将非独立悬架分为以下几类：
① 板簧式非独立悬架。
② 螺旋弹簧式非独立悬架。
③ 空气弹簧式非独立悬架。
④ 油气弹簧式非独立悬架。

认识几种非独立悬架

3. 前悬架

捷达轿车前悬架采用的是麦弗逊式独立悬架，它主要由弹性减振组件、下控制臂及横向稳定杆等部分组成，如图 3-5 所示。

弹性减振组件的上端与车身底板相连，下端用两个螺栓螺母固定在转向节上部。下控制臂通过橡胶衬套、螺栓及弹性连接件安装在副车架上，并且可绕螺栓的轴线上下摆动。下控制臂的另一端安装有球形接头，并通过该球形接头将下控制臂与转向节连在一起。横向稳定杆的两端用紧固组件安装在下控制臂上。当路

图 3-5 前悬架

面不平激起车轮振动时,车轮的振动由转向节传给悬架系统,经弹性减振组件缓冲和吸收振动能量后再传给车身。

横向稳定杆的作用:横向稳定杆具有减小汽车在不平路面上行驶时车身的侧倾角的作用,以改善汽车的乘坐舒适性和行驶稳定性。

弹性减振组件主要由筒式减震器和圆柱螺旋弹簧组成。为避免尘土、泥水进入减震器而使减震器早期损坏,减震器活塞杆部装有伸缩性橡胶防护套。此外,当汽车转向时,弹性减振组件还要跟随转向节一起转动。因此,弹性减振组件必须能相对车身底板转动,为此,在弹性减振组件的上端装有轴承。

4. 后悬架

捷达轿车的后悬架采用的是单纵臂式独立悬架,横向稳定杆一改传统杆状结构,采用 V 形断面结构,如图 3-6 所示。

此外,横向稳定杆的安装及布置形式也很特殊,该车横向稳定杆与纵摆臂焊接成一个整体。纵摆臂的一端与车轮相连,车轮的背面焊有减震器下吊耳支座,并通过螺栓与减震器下吊耳相连。减震器上半部的外面套装有圆柱螺旋弹簧(即悬架弹簧),悬架弹簧下座套装在减震器筒上,并由减震器筒上的凸环限制它向下移动。悬架弹簧的顶端是弹簧上座,弹簧上座的上端装有橡胶环,

图 3-6 后悬架

橡胶环的上表面与车身底板接触,并通过小盖、橡胶上支座、大盖、螺母、碟形垫圈及螺母将减振弹性组件固连在车身底板上。纵摆臂的另一端通过纵摆臂活动铰链螺栓和橡胶衬套与支架相连。支架通过三个螺钉固定在车身底板上。当路面不平激起车轮振动时,纵摆臂可绕活动铰链上下摆动。

任务二　车架

目前，绝大多数汽车都具有作为整车骨架的车架，车架是整个汽车的基体。汽车绝大多数部件和总成（如发动机、传动系统、悬架、转向机构、驾驶室、货箱和有关操纵机构）都是通过车架来固定其位置的。车架的功用是：支撑连接汽车的各零部件，并承受来自车内外的各种载荷。

目前，汽车车架按其结构形式一般分为四种类型：边梁式车架（见图3-7）、平台式车架、中梁式车架和综合式车架。轿车上常常不设车架，而采用兼代车架作用的承载式车身，如图3-8所示。

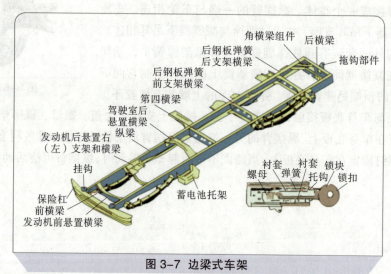

图3-7　边梁式车架

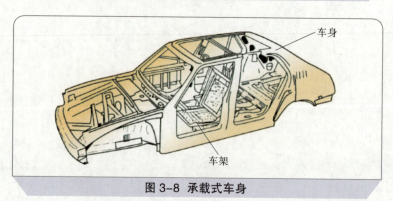

图3-8　承载式车身

边梁式车架由位于左右两侧的两根纵梁和若干横梁构成，横梁和纵梁一般由合金钢板冲压而成，两者之间采用铆接或焊接方式连接。边梁式车架因制造容易而被广泛采用；中梁式车架在部分公共汽车上应用较多。车架与车身组合构成"承载式车身"。

车桥通过悬架与车架连接,支撑着汽车大部分质量,并将车轮的牵引力或制动力,以及侧向力经悬架传给车架。

为了便于与不同悬架相配合,汽车的车桥分为整体式和断开式两种。按其使用功能划分,车桥又可分为转向桥、转向驱动桥、驱动桥和支持桥。

一、前桥

捷达轿车前桥既是转向桥,又是驱动桥。它主要由转向节、轮毂总成及由万向节相连的断开式传动轴总成等组成,如图 3-9 所示。

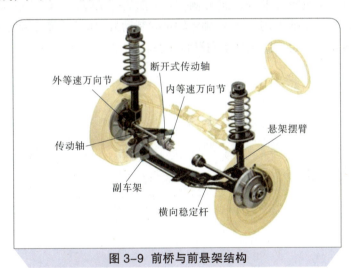

图 3-9 前桥与前悬架结构

前桥与前悬架的结构原理:前轮毂通过轴承和转向节压合在一起,传动轴外半轴上的外花键和前轮毂的内花键相连,用轴头螺母将前轮毂和传动轴半轴固连在一起。前轮毂外端和制动盘及车轮总成连在一起。转向节的上端通过两个螺栓与悬架弹簧及减震器组件相连。转向节的下端通过球形接头与悬架控制臂相连。此外,转向节上还安装有转向横拉杆,其连接方式为球铰连接。转向时,转向横拉杆带动转向节绕上下两个支点转动。上支点为悬架弹簧上座内的轴承,下支点为悬架控制臂与转向节的球形接头。

二、后桥

捷达轿车后桥为从动桥,整个后桥通过两纵摆臂支架及后悬架与车身相连,如图 3-10 所示。

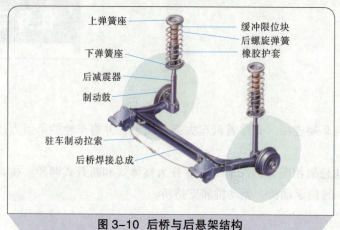

图 3-10 后桥与后悬架结构

后桥与后悬架的结构原理:纵摆臂端头有凸缘,用来固定短轴和制动底板。短轴上装有圆锥滚柱轴承,用来支撑制动鼓,使之在制动器处于非制动状态下能自由转动。短轴外部加工有螺纹,将轴承和制动鼓装上,再把止推板从短轴外侧套入,然后拧上螺母,调节轴承的预紧度。螺母外边是固紧用的锁止环,穿入开口销后,可以确定轴承和制动鼓的位置。最外端安装的是润滑脂端盖,以防止灰尘和泥进入轴承,也可防止轴承润滑脂外溢。

任务四 车轮与轮胎

车轮与轮胎是汽车行驶系统中的重要部件，具有重要的功用，其结构如图 3-11 所示。汽车的车轮由轮毂、轮辋和辐板（或辐条）组成。

车轮可分为辐板式（或盘式）和辐条式两种形式，如图 3-12 所示。

①辐板式车轮：应用广泛，其轮毂和轮辋由冲压而成的钢质圆盘连接。

②辐条式车轮：采用几根可锻铸的空心轮辐将轮毂和轮辋连在一起。

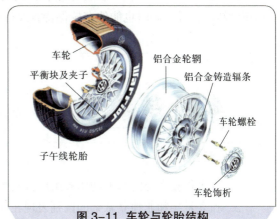

图 3-11 车轮与轮胎结构

（a）　　　　　　　　（b）

图 3-12 辐板式与辐条式车轮

（a）辐板式车轮；（b）辐条式车轮

认识轮胎

车轮与轮胎的功用如下：

①支撑整车质量。

②缓和由路面传来的冲击力。

③通过轮胎和路面间存在的附着力来产生驱动力和制动力。

④产生平衡汽车转向行驶时离心力的侧抗力，在保证汽车正常转向行驶的同时，通过轮胎产生的自动回正力矩，使车轮保持直线行驶的方向。

⑤起到承担越障、提高通过性的作用。

课题三 汽车行驶系统

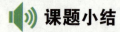 **课题小结**

1. 悬架一般由弹性元件、减震器、导向机构和横向稳定器组成，其功用是：将路面作用在车轮上的力和力矩传递到车架（或车身）上，保证汽车的正常行驶。悬架根据结构可分为非独立悬架和独立悬架两种基本类型。

2. 车架的功用是：支撑连接汽车的各零部件，并承受来自车内外的各种载荷。车桥的功用是：通过悬架与车架连接，支撑汽车的大部分质量，并将车轮的牵引力或制动力，以及侧向力经悬架传给车架。

3. 汽车车轮由轮毂、轮辋和辐板（或辐条）等部分组成。车轮与轮胎的功用是：支撑整车质量；缓和由路面传来的冲击力；保证车轮和路面的附着性，以提高汽车的动力性、制动性；保证汽车正常转向行驶，同时也能使车轮保持直线行驶的方向；起到承担越障、提高通过性的作用。

简答题：

1. 汽车行驶系统的基本功用和组成分别是什么？
2. 独立悬架和非独立悬架的区别表现在什么地方？它们各自有何优缺点？

课题四

汽车转向系统

[知识目标]

1. 掌握转向系统的组成和分类。
2. 掌握转向器的分类和工作原理。
3. 掌握转向操纵机构的组成和功用。
4. 掌握转向器各类型的结构和工作原理。
5. 掌握转向传动机构的组成和功用。

[技能目标]

1. 能够描述机械转向系统的工作过程。
2. 能够描述动力转向系统的工作过程。

[素养目标]

树立"汽车行驶时方向很重要,人生要走好方向很重要"的观念。

任务一 转向系统的组成和类型

汽车在行驶过程中,经常需要改变行驶方向(即转向)。改变行驶方向的方法是,驾驶员通过一套专设的机构使汽车转向桥上的车轮(转向轮)相对于汽车纵轴线偏转一定角度。有时转向轮也会受到侧向力的干扰而自动偏转,改变行驶方向。驾驶员也可以利用这套机构使转向轮向相反方向偏转,使汽车恢复原来的行驶方向。这个用来改变或恢复汽车行驶方向的专设机构即称为转向系统。

一、转向系统的基本组成

转向系统的基本组成如图 4-1 所示。

1. 转向操纵机构

转向操纵机构主要由转向盘、转向轴和转向管柱等组成。

2. 转向器

转向器是指将转向盘的转动变为转向摇臂的摆动或齿条轴的直线往复运动,并对转向操纵力进行放大的机构。转向器一般固定在汽车车架或车身上,转向操纵力通过转向器后一般会改变传动方向。

图 4-1 转向系统结构

3. 转向传动机构

转向传动机构是指将转向器输出的力和运动传给车轮(转向节),并使左右车轮按一定关系进行偏转的机构。

二、转向系统的类型

按转向能源的不同,可将转向系统分为机械转向系统和动力转向系统两大类。

1. 机械转向系统

机械转向系统以驾驶员体力作为转向能源，其中所有传力件都是机械的。机械转向系统由转向操纵机构、机械转向器和传动机构三大部分组成，如图4-2所示。

转向时，驾驶员需要对转向盘施加一个转向力矩，该力矩通过转向轴输入转向器。作为减速传动装置的转向器中有1、2级减速传动副（图4-2所示转向系统中的转向器为单级减速传动副）。经转向器放大后的力和减速后的运动传到转向横拉杆，再传给固定于转向节上的转向节臂，使转向节和它所支撑的转向轮偏转，从而改变汽车的行驶方向。这里，转向横拉杆和转向节臂属于转向传动机构。

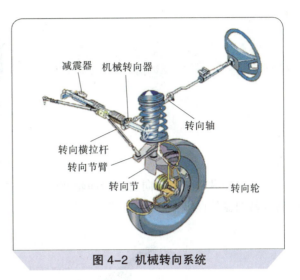

图4-2 机械转向系统

从转向盘到转向传动轴这一系列部件和零件属于转向操纵机构。从转向摇臂到转向梯形这一系列部件和零件（不含转向节）均属于转向传动机构。

2. 动力转向系统

动力转向系统是兼用驾驶员体力和发动机动力为转向能源的转向系统，如图4-3所示。在正常情况下，汽车转向所需能量只有一小部分由驾驶员提供，而大部分是由发动机通过动力转向装置提供的。但在动力转向装置失效时，一般应当由驾驶员独立承担汽车转向任务。因此，动力转向系统是在机械转向系统的基础上加设一套动力转向装置形成的。

对最大总质量在50 000 kg以上的重型汽车而言，一旦动力转向装置失效，则驾驶员通过机械传动系统加于转向节的力远不足以使转向轮偏转而实现转向。所以，这种汽车的动力转向装置应当特别可靠。

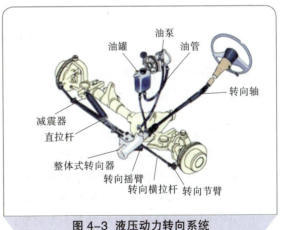

图4-3 液压动力转向系统

当驾驶员转动转向盘时，转向摇臂摆动，通过转向直拉杆、转向横拉杆、转向节臂使转向轮偏转，从而改变汽车的行驶方向。

与此同时，转向器输入轴还带动转向器内部的转向控制阀转动，使转向动力缸产生液压作用力，帮助驾驶员实现转向操纵。这样，为了克服地面作用于转向轮上的转向阻力矩，驾驶员需要加于转向盘上的转向力矩比用机械转向系统时所需的转向力矩小得多。

属于转向加力装置的部件有：转向油泵、转向油管、转向油罐以及位于整体式转向器内部的转向控制阀及转向动力缸等。

任务二 转向操纵机构

转向操纵机构由转向盘、转向轴和转向管柱等组成,如图4-4所示。它的作用是:将驾驶员转动转向盘的操纵力传给转向器。

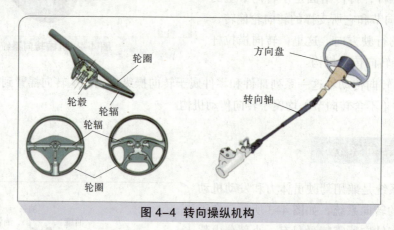

图4-4 转向操纵机构

转向盘和转向管柱的作用:转向盘产生足够的力以驱动转向器转动。转向轴是将驾驶员作用于转向盘的转向操纵力矩传给转向器的传力轴,它的上部与转向盘固定连接,下部装有转向器。

①转向盘——产生转向力;
②上罩和下罩——保护内部各零部件;
③万向节——可在有一定夹角的轴间传递转向力矩;
④柔性联轴器——允许主轴和中间轴以很小的夹角传动;
⑤中间轴——连接柔性联轴节和万向节;
⑥安装支架——确保转向管柱安装到位。

任务三　转向器

转向器如图 4-5 所示，其功能是：将转向盘的转动变为齿条轴的直线运动或转向摇臂的摆动，降低运动速度、增大转向力矩并改变转向力矩的传动方向。

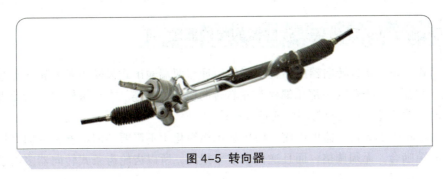

图 4-5　转向器

转向器输出端的运动形式有两种：一种是线位移式，如齿轮齿条式转向器；另一种是角位移式，如循环球式、曲柄指销式转向器。

转向器是转向系统中的减速传动装置，其结构形式多样，但目前已经成熟并广泛采用的有齿轮齿条式、循环球式和蜗杆曲柄指销式等几种。

一、齿轮齿条式转向器

齿轮齿条式转向器结构简单、质量轻、转向灵敏、制造简单、成本低，在轿车、轻型货车上获得了广泛的应用。齿轮齿条式转向器一般由转向器壳体、转向齿轮、转向齿条、弹簧、压块、防尘罩等组成。齿轮齿条式转向器又分以下两种：两端输出式和中间（或单端）输出式，如图 4-6 和图 4-7 所示。

1. 两端输出式齿轮齿条式转向器的结构原理

作为传动副主动件的转向齿轮轴通过向心球轴承和滚针轴承安装在转向器壳体中，其上端通过花键与万向节叉和转向轴连接。与转向齿轮啮合的转向齿条水平布置，两端通过球头座与转向横拉杆相连。弹簧通过压块将齿条压靠在齿轮上，以保证无间隙啮合。

弹簧的预紧力可用调整螺塞调整。当转动转向盘时，转向器齿轮转动，使与之啮合的齿条沿轴向移动，从而使左右横拉杆带动转向节左右转动，使转向车轮偏转，从而实现汽车转向。

课题四 汽车转向系统

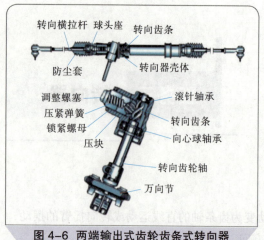

图 4-6 两端输出式齿轮齿条式转向器

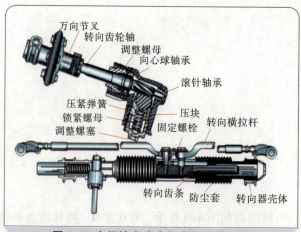

图 4-7 中间输出式齿轮齿条式转向器

2. 中间输出式齿轮齿条式转向器的结构原理

中间输出式齿轮齿条式转向器的结构及工作原理与两端输出式齿轮齿条式转向器基本相同,不同之处在于它在转向齿条的中部用螺栓与左右转向横拉杆相连。在单端输出的齿轮齿条式转向器上,齿条的一端通过内外托架与转向横拉杆相连。

由于采用齿轮齿条式转向器可以使转向传动机构简化(不需要转向摇臂和转向直拉杆等),齿轮齿条无间隙啮合,无须调整,而且逆传动效率很高,所以齿轮齿条式转向器多用于前轮为独立悬架的轻型及微型轿车和货车上。

二、循环球式转向器

循环球式转向器是汽车上较为常见的一种转向器,它在蜗杆与扇形齿轮之间嵌入了钢珠,降低了转向传动时的摩擦力,具有操纵轻便、工作平稳可靠、使用寿命长等特点,因此,在各类车辆特别是商用车和越野车上获得了广泛的应用。

循环球式转向器主要由转向器壳体、转向轴(蜗杆)、钢球、钢球套管、转向垂臂等组成,如图4-8所示。它一般有两级传动副,第一级是螺杆螺母传动副,第二级是齿条齿扇传动副。

循环球式转向器的结构原理:螺母侧面有两对通孔,可将钢球从此孔塞入螺旋形通道内。转向螺母外有两根钢球导管,每根导管的两端分别插入螺母侧面的一对通孔中,导管内装满了钢球。这样,两根导管和螺母内的螺旋管状通道组合成两条各自独立的封闭的钢球"流道"。

转向螺杆转动时,通过钢球将力传给转向螺母,螺母即沿轴向移动。同时,在螺杆及螺母与钢球间摩擦力的作用下,所有钢球便在螺旋管状通道内滚动,形成"球流"。在转向器

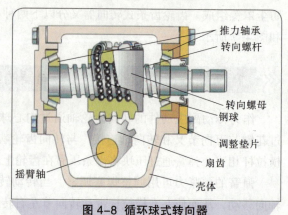

图 4-8 循环球式转向器

工作时，两列钢球只是在各自的封闭流道内循环，不会脱出。

三、蜗杆曲柄指销式转向器

蜗杆曲柄指销式转向器如图 4-9 所示。

蜗杆曲柄指销式转向器的结构原理：蜗杆曲柄指销式转向器的传动副以转向蜗杆为主动件，其从动件是装在摇臂轴曲柄端部的指销。转向蜗杆转动时，与之啮合的指销即绕摇臂轴轴线沿圆弧运动，并带动摇臂轴转动。

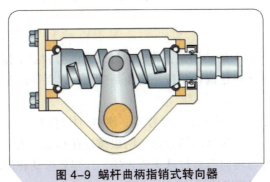

图 4-9　蜗杆曲柄指销式转向器

任务四　转向传动机构

转向传动机构（见图4-10）的功用是：将转向器输出的力和运动传到转向桥两侧的转向节，使两侧转向轮偏转，且使两转向轮偏转角按一定关系变化，以保证汽车转向时车轮与地面的相对滑动尽可能小。

转向器带动转向摇臂沿圆弧（左右往复）摆动，使中间拉杆也左右移动。随动臂与车架铰接，便于转向传动机构的支撑。中间拉杆两端分别与两根横拉杆相连。当中间拉杆左右移动时，两根横拉杆跟着移动，而横拉杆与转向节通过球头铰连接，这样就带动转向节使车轮偏转。每个横拉杆上均带有调节管，可用于调整横拉杆的有效长度。

转向传动机构由连杆机构和转向节等组成，以将转向器提供的转向意志体现在车轮的偏转上。

齿轮齿条式转向器传动机构比较简单，直接将转向横拉杆与转向节臂连接。转向横拉杆的安装方式主要有两种：外接托架式与转向齿条直连接式。

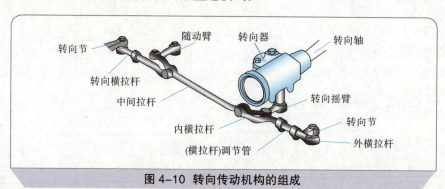

图4-10　转向传动机构的组成

循环球式转向器（或其他形式）的转向连杆机构一般由转向摇臂、转向直拉杆、转向横拉杆、转向节臂和转向梯形臂等组成。

一、转向摇臂、转向节臂、转向梯形臂

转向摇臂是转向器与转向直拉杆之间的传动元件，一般为合金钢锻件，属非易损件，其外观如图4-11所示。

转向摇臂的作用：转向摇臂把转向器输出的力和运动传给转向直拉杆或转向横拉杆，进而推动转向轮偏转。

转向节臂、转向梯形臂一般采用合金钢锻造，强度和可靠性很高，属非易损件。

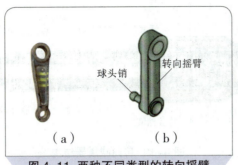

图 4-11 两种不同类型的转向摇臂

（a）不带球头销的转向摇臂；（b）带球头销的转向摇臂

二、转向直（横）拉杆

转向横拉杆和直拉杆总成的基本结构是相同的，均由拉杆（套管）、拉杆球头、球头销及螺母、球头座等零件组成。转向直拉杆的结构如图 4-12 所示。

转向直拉杆的作用：

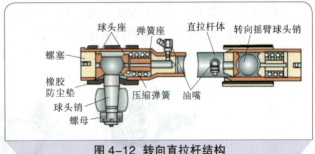

图 4-12 转向直拉杆结构

转向直拉杆将转向摇臂传来的力和运动传给转向梯形臂（或转向节臂）。由于它所受的力既有拉力，也有压力，因此转向直拉杆都是采用优质特种钢材制造的，以保证工作可靠。在转向轮偏转或因悬架弹性变形而相对于车架跳动时，转向直拉杆与转向摇臂及转向节臂的相对运动都是空间运动，为了不发生运动干涉，上述三者间都采用球头销连接。

在汽车行驶过程中，转向拉杆由于承受着较大的扭矩、冲击力和振动，而且使用频繁，直接暴露在底盘下，工作环境恶劣，而且它是重要的安全部件，因此在车辆日常检查和维护中需要积极对其关注。

在拉杆总成中，拉杆使用寿命长，拉杆球头及其他部件属于易损件，常见的损坏形式有磨损、螺纹损坏以及弹簧失效等，如有损坏，应及时更换相关零部件。

三、转向减震器

随着车速的提高，目前汽车的转向轮有时会产生摆振（转向轮绕主销轴线往复摆动，甚至引起整车车身的振动）现象，这不仅会影响汽车的稳定性，而且会影响汽车的舒适性，加剧前轮轮胎的磨损。

在转向传动机构中设置转向减震器是克服转向轮摆振的有效措施。转向减震器的一端与车身（或前桥）铰接，另一端与转向直拉杆（或转向器）铰接。

为减轻车辆行驶过程中对转向连杆系统的冲击力，某些车型在转向系统中增加了转向减震器，其结构如图 4-13 所示。

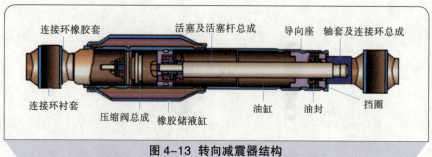

图 4-13 转向减震器结构

四、转向节及其部件

转向节上安装有车轮及制动器，通过转向节主销与转向桥连接，在转向机构的操纵下，保证转向节与转向轮整体偏转，达到汽车转向的目的。

转向节与主销机构主要由转向节、转向节主销、转向节主销衬套组成，实物如图 4-14 所示。

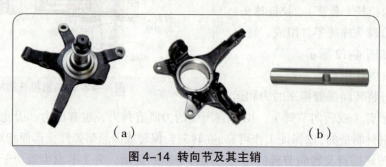

图 4-14 转向节及其主销
（a）转向节；（b）转向节主销

任务五 转向助力系统

为改善车辆的转向特性，使驾驶更为轻松，目前的汽车广泛采用了转向助力系统，也常被称为"动力转向系统"。动力转向系统及油路简图如图4-15所示，动力转向器的组成结构如图4-16所示。

按传动介质分类如下：

一、气压式转向助力系统

气压式转向助力系统由于工作压力较低、反应不够灵敏，因此应用范围较小。

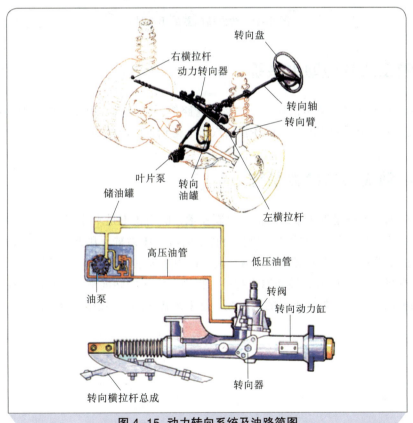

图4-15 动力转向系统及油路简图

课题四 汽车转向系统

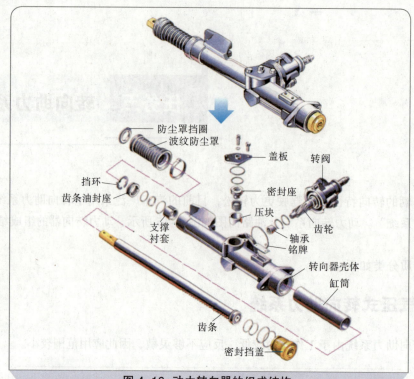

图4-16 动力转向器的组成结构

二、液压式转向助力系统

液压式转向助力系统一般由液压泵、油罐、管路等零件组成,由于工作压力大、部件结构简单紧凑、反应迅速、能缓和冲击,所以在目前汽车上得到了广泛的应用。

三、电动式转向助力系统

电动式转向助力系统是近年来发展的一种新技术,应用还不是十分广泛。

电动转向助力系统是用一部直流电机代替传统的液压压力缸,用蓄电池和电动机提供动力的系统。微电脑控制的转向助力系统的传统液压转向助力系统具有部件少、体积小、质量轻的特点,并且具有最优化的转向作用力和转向回正特性,提高了汽车的转向能力和转向响应特性,增加了汽车低速时的机动性以及调整行驶时的稳定性,是未来转向助力系统的发展方向。

课题小结

1. 转向系统由转向操纵机构、转向器和转向传动机构组成。转向系统按转向能源的不同分为机械转向和动力转向两大类。

2. 转向操纵机构由转向盘、转向轴、转向管柱等组成，它的作用是将驾驶员转动转向盘的操纵力传给转向器。

3. 转向器的作用是将转向盘的转动变为齿条轴的直线运动或转向摇臂的摆动，降低运动速度、增大转向力矩并改变转向力矩的传动方向。转向器有齿轮齿条式、循环球式和蜗杆曲柄指销式等几种。

4. 转向传动机构的功用是：将转向器输出的力和运动传到转向桥两侧的转向节，以保证汽车转向时车轮与地面的相对滑动尽可能小。转向传动机构由连杆机构和转向节等组成。

简答题：

1. 汽车转向系统由哪几部分组成？各有什么作用？
2. 齿轮齿条式转向器的优点及工作原理是什么？
3. 动力转向如何分类？有哪些特点？

课题五

汽车制动系统

[知识目标]

1. 掌握制动系统的分类及组成。
2. 掌握制动器的基本类型和工作原理。
3. 掌握制动传动装置的分类及组成。
4. 掌握制动防抱死系统（ABS）的组成及功用。

[技能目标]

能够描述盘式和鼓式制动器的结构原理。

[素养目标]

理解汽车制动性能对汽车行驶安全的影响，了解汽车制动性能方面的国家标准，培养遵纪守法、遵循国家技术标准的意识。

任务一　制动系统的功能、分类和组成

一、功能

汽车的制动系统是在车辆行驶过程中，使车辆减速甚至停车，使下坡的速度保持稳定，以及使停驶的车辆保持不动的系统。汽车制动性能是汽车安全行驶的重要保证，为此，对汽车制动系统提出了许多严格的要求。

对汽车制动系统的严格要求如下：
①要求汽车在行驶过程中以适当的减速度使汽车速度降低到所需值（包括0值）；
②使汽车在下坡行驶时保持适当的稳定速度；
③使汽车可靠地在原地或坡道上停驻；
④汽车的制动性能受温度和水的影响较小，且能较快地恢复；
⑤制动时汽车的方向应稳定（即不发生跑偏）；
⑥当制动系统任一环节出现故障时，汽车都不应丧失制动能力，即工作应可靠；
⑦制动操作应轻便自如。

二、分类

1. 按制动系统的作用分类

按制动系统的作用分类，制动系统可分为行车制动系统、驻车制动系统、应急制动系统及辅助制动系统等。

2. 按制动操纵能源分类

按制动操纵能源分类，制动系统可分为人力制动系统、动力制动系统和伺服制动系统等。

3. 按制动能量的传输方式分类

按制动能量的传输方式分类，制动系统可分为机械式、液压式、气压式和电磁式等。同时采用两种以上传输方式的制动系统称为组合式制动系统。

三、组成

图 5-1 所示为轿车典型制动系统的组成示意图,制动系统一般由制动操纵机构和制动器两个主要部分组成。

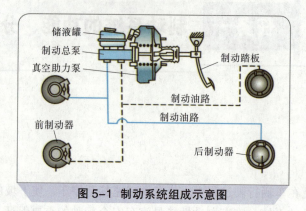

图 5-1 制动系统组成示意图

1. 制动操纵机构

制动操纵机构产生制动动作,控制制动效果,并将制动能量传输到制动器的各个部件,包括制动总泵、真空助力器、制动踏板机构、制动组合阀,以及制动轮缸和制动管路。

2. 制动器

制动器是产生阻碍车辆运动或运动趋势的力(制动力)的部件。由于汽车上常用的制动器都是利用固定元件与旋转元件工作表面的摩擦而产生制动力矩的,所以又被称为摩擦制动器。

任务二 制动器

一般制动器都是通过其中的固定元件对旋转元件施加制动力矩，使后者的旋转角速度降低，同时依靠车轮与地面的附着作用，产生路面对车轮的制动力，以使汽车减速。凡利用固定元件与旋转元件工作表面的摩擦而产生制动力矩的制动器都被称为摩擦制动器。

目前，汽车所用的摩擦制动器可分为鼓式和盘式两大类。

一、行车制动器

捷达轿车的行车制动系统采用了双管路对角分开式真空助力液压行车制动系统，主要由制动踏板、真空助力器、制动总泵、储液罐、制动器及管路组成。前轮采用盘式制动器，后轮采用鼓式制动器。

1. 前轮盘式制动器

目前汽车上采用的盘式制动器主要有两种：一种是固定钳盘式制动器；另一种是浮动钳盘式制动器。捷达轿车采用的是浮动钳盘式制动器。盘式制动器结构如图 5-2 所示，其工作原理如图 5-3 所示。

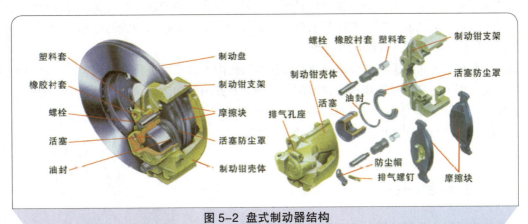

图 5-2 盘式制动器结构

盘式制动器的结构原理：制动盘和车轮轮毂装在一起，并和车轮一起转动。制动钳安装在制动钳安装架上，制动钳安装架安装在转向节上。内部仅装一个活塞的制动钳可以通过固定在制动钳体上并插入安装架孔中的导向销做轴向移动。制动钳上制动所用的摩擦片与背板采用黏结法相连。

2. 后轮鼓式制动器

捷达轿车后轮鼓式制动器主要由制动底板、制动分泵、制动蹄及制动鼓等组成，如图5-4所示。

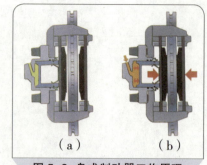

图5-3 盘式制动器工作原理
（a）未作用时；（b）起作用时

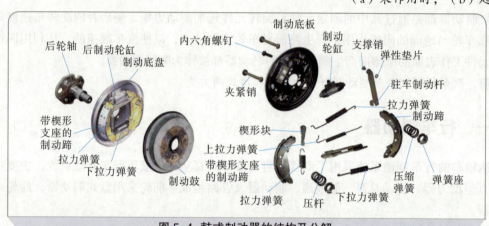

图5-4 鼓式制动器的结构及分解

鼓式制动器的结构原理：两制动蹄下端插在制动底板下端的相应槽内，上端靠在制动分泵的活塞上，然后用上、下拉力弹簧拉紧。制动蹄通过限位弹簧和限位螺钉使其靠在制动底板上。制动蹄外表面上铆有摩擦片。

制动时，驾驶员踩下制动踏板，制动液进入制动分泵，迫使制动分泵内的两个活塞向外移动，推动制动蹄克服上、下拉力弹簧的拉力使其向外张开，压在旋转的制动鼓内缘，使制动鼓和车轮减速到停止运转。解除制动时，驾驶员松开制动踏板，在上、下拉力弹簧的作用下，制动蹄离开制动鼓回到原位，制动鼓又可以自由转动。

制动蹄和制动鼓间的间隙可以通过装在推杆右端槽内的调整楔进行自动调整。调整楔的下端与固定在制动蹄上的调整弹簧相连。如果制动蹄和制动鼓间的间隙大，制动过程中，调整弹簧拉动调整楔下移，调整楔上宽下窄，这样使拉杆向外移动一点，而使制动蹄和制动鼓的间隙保持在标准值范围内。

二、驻车制动器

驻车制动器俗称手制动器，主要用来保证汽车停止后的可靠停放。它由驻车制动操纵手柄、驻车制动拉索、调节压板、调整螺母等组成，拉索式机械操纵驻车制动系统如图5-5所示。当实施驻车制动时，驾驶员将手制动操纵杆向上拉起，通过拉杆、调节压板将驻车制动拉

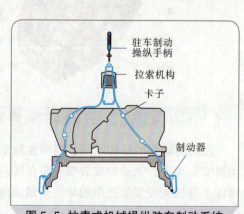

图5-5 拉索式机械操纵驻车制动系统

索拉紧。驻车制动拉索的端头套在后制动器拉臂下端的钩槽内，以使左、右制动蹄内外张开，压紧制动鼓内表面，实现驻车制动。驻车制动器是通过在后轮制动器的基础上，另加装一套手动机械操纵机构来实现的。由于和后轮制动器合用一套制动器，所以其结构简单，质量较轻。

1. 驻车制动器按驱动形式划分

驻车制动器按其驱动形式可以分为机械式、液压式和气压式三种。其中，机械式在轿车上应用最广。

2. 驻车制动器按安装位置划分

驻车制动装置分中央驻车制动装置和车轮驻车制动装置两类。

前者的制动器安装在传动轴上，称为中央制动器；后者和行车制动装置共用一套制动器，结构简单紧凑，已在轿车上得到普遍应用。

（1）盘鼓组合式制动器

盘鼓组合式制动器，即将一个作行车制动器的盘式制动器和一个作驻车制动器的鼓式制动器组合在一起，双作用制动盘的外缘盘作盘式制动器的制动盘，中间的鼓部作鼓式制动器的制动鼓，如图5-6所示。

进行驻车制动时，将驾驶室中的手动驻车制动操纵杆拉到制动位置，经一系列杠杆和拉绳传动，将驻车制动杠杆的下端向前拉，使之绕平头销转动，其中间支点推动制动推杆左移，将前制动蹄推向制动鼓。待前制动蹄压靠到制动鼓上之后，推杆停止移动，此时制动杠杆绕中间支点继续转动。于是制动杠杆的上端向右移动，使后制动蹄压靠到制动鼓上，施以驻车制动。

解除制动时，将驻车制动操纵杆推回到不制动的位置，制动杠杆在卷绕在拉绳回位弹簧的作用下回位，同时制动蹄回位弹簧将两制动蹄拉拢。

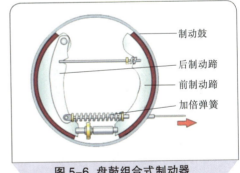

图5-6 盘鼓组合式制动器

三、辅助制动器

辅助制动器主要应用在大型客车和重型货车上，提供辅助制动力。常见的辅助制动器有以下几种类型：

①排气制动，国内俗称缸盖制动，其基本原理是：切断发动机供油，堵塞发动机排气门，利用发动机压缩空气的功率消耗进行制动。

②液力缓速器（见图5-7），安装在变速器后部。

③电磁缓速器（见图5-8），安装在变速器与驱动桥之间。

图 5-7 液力缓速器

图 5-8 电磁缓速器

任务三　制动传动机构

我们将从制动踏板到轮边制动轮缸的所有提供和传递制动压力的零部件统称为制动传动机构。

根据传动介质的不同，制动传动机构可以分为机械传动装置、液压传动装置和气压传动装置。轿车、轻型客车、货车多采用液压传动装置，中型以上客、货车由于载重量较大，所以多采用气压传动装置。

一、机械传动装置

驻车制动系统的机械传动装置组成结构如图 5-9 所示。

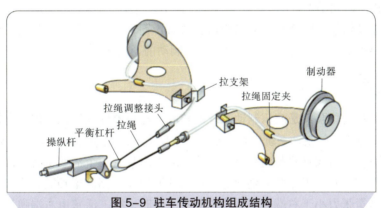

图 5-9　驻车传动机构组成结构

驻车制动系统与行车制动系统共用后轮制动器。施行驻车制动时，驾驶员将驻车制动操纵杆向上扳起，通过平衡杠杆将驻车制动操纵缆绳拉紧，驱动两后轮制动器。棘爪的单向作用决定了棘爪与棘爪齿板啮合后操纵杆不能反转，驻车制动杆系统能可靠地被锁定在制动位置。

欲解除制动，需先将操纵杆扳起少许，再压下操纵杆端头的压杆按钮，通过棘爪压杆使棘爪离开棘爪齿板。然后将操纵杆向下推到解除制动位置，使棘爪得以将整个驻车机械制动杆系统锁止在解除制动位置。驻车制动系统必须可靠地保证汽车在原地停驻，这一点只有用机械锁止方法才能实现，因此驻车制动系统多采用机械传动装置。

二、液压传动装置

目前，轿车的行车制动系统都采用了液压传动装置，液压传动装置主要由制动主缸（制动总泵）、液压管路、后轮鼓式制动器中的制动轮缸（制动分泵）、前轮钳盘式制动器中的液压缸等组成，如图 5-10 所示。

课题五 汽车制动系统

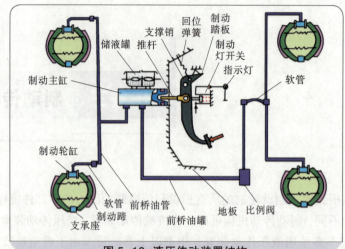

图 5-10 液压传动装置结构

液压传动装置的工作原理：踩下制动踏板，制动主缸将制动液压入制动轮缸和制动钳，并将制动块推向制动鼓和制动盘。在制动器间隙消失并开始产生制动力矩时，液压与踏板力方能继续增长直到完全制动。此过程中，在液压作用下，由于油管的弹性膨胀变形和摩擦元件的弹性压缩变形，踏板和轮缸活塞都可以继续移动一段距离。放开踏板，制动蹄和轮缸活塞在回位弹簧作用下回位，将制动液压回制动主缸。

制动主缸与制动轮缸间的连接油管除采用金属管（铜管）外，还采用特制的橡胶制动软管。各液压元件之间及各段油管之间还有各种管接头。制动前，液压系统中充满专门配制的制动液。

1. 制动主缸

制动主缸又称制动总泵，是液压制动系统的核心，有与储液罐制成一体的整体式，也有两者分体式的，很多轻型汽车的制动系统中还增加了真空助力器。制动主缸结构如图 5-11 所示。

捷达轿车采用了串列式双腔制动总泵。直筒式缸体内装有两个活塞，活塞位于缸筒中部，将主缸分为两个工作腔，两个工作腔分别通过补偿孔和回油孔与储液罐相通。第二活塞两端都承受弹簧力，但左端弹簧张力小于右端弹簧，故总泵不工作时，第二活塞由右端弹簧保持在正确的初

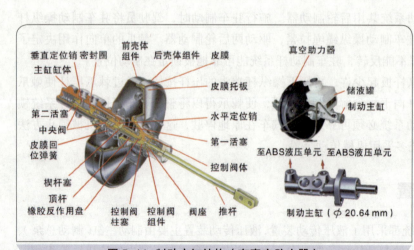

图 5-11 制动主缸结构（有真空助力器）

1—主缸缸体；2—第二活塞；3—垂直定位销；4—密封圈；5—水平定位销；6—第一活塞；7—真空助力前壳体；8—真空助力器膜片；9—助力器后壳体；10—膜片托板；11—橡胶反作用盘；12—控制阀；13—推杆；14—控制阀组件 15—控制阀柱塞；16—制动主缸顶杆；17—顶杆头；18—膜片复位弹簧；19—中心单向阀

始位置，使补偿孔和进油孔相通。第一活塞在左端弹簧张力的作用下压靠在外套上，使其处在补偿孔和回油孔之间的位置。密封套用来防止总泵向外漏油。此外，每个活塞上都有密封圈，确保能建立起所需的油压。

2. 真空助力器

目前，轿车上广泛将真空助力器作为制动助力器，利用发动机喉管处的真空度来帮助驾驶员操纵制动踏板。真空助力器的结构原理示意图如图 5-12 所示。

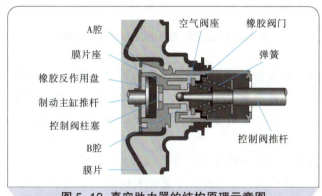

图 5-12 真空助力器的结构原理示意图

捷达轿车采用的真空助力器踏板推杆与制动踏板相连，如图 5-13 所示。加力气室由前、后盖组成，其间夹装有膜片座，它的前腔经管接头和进气管通向真空源，后腔膜片座毂筒中装有控制阀，其中装有与踏板推杆固接的空气阀和限位板、真空阀和踏板推杆等零件。膜片座前端装有推杆，其间有橡胶反作用盘。橡胶反作用盘的两面受力：右面承受踏板推杆、空气阀及膜片座的推力；左面承受推杆传来的总泵液压的反作用力。

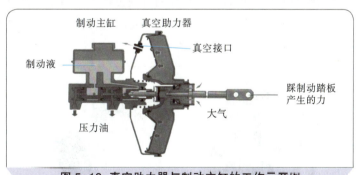

图 5-13 真空助力器与制动主缸的工作示意图

①当真空助力器不工作时，弹簧将推杆连同控制阀柱塞推到后极限位置（即真空阀开启），橡胶阀门则被弹簧压紧在空气阀座上（即空气阀关闭）。伺服气室前、后腔经通道 A 腔、控制阀腔和通道 B 腔互相连通，并与空气隔绝。在发动机开始工作且真空单向阀被吸开后，伺服气室左右两腔内都会产生一定的真空度。

②当制动踏板踩下时，起初气室膜片座固定不动，来自踏板机构的操纵力推动控制阀推杆

和控制阀柱塞相对于膜片座前移。当柱塞与橡胶反作用盘间的间隙消除后,操纵力便经反作用盘传给制动主缸推杆。同时,橡胶阀门随同控制阀柱塞前移,直到与膜片座上的真空阀座接触为止,此时,伺服气室前后腔隔绝。真空助力器的工作过程示意图如图 5-14 所示。

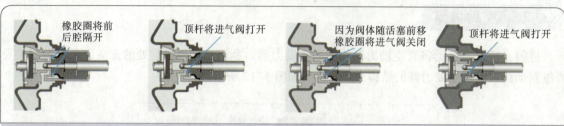

图 5-14 真空助力器的工作过程示意图

③控制阀推杆继续推动控制阀柱塞前移,至其上的空气阀座离开橡胶阀门一定距离。外界空气充入伺服气室后腔,使其真空度降低。在此过程中,膜片与阀座也不断前移,直到阀门重新与空气阀座接触为止。因此在任何一个平衡状态下,伺服气室后腔中的稳定真空度均与踏板行程成递增函数关系。

因为橡胶反作用盘具有液体那样传递压力的作用,在与橡胶反作用盘接触的面积上相比,制动主缸推杆比控制阀柱塞的大,所以作用于制动主缸推杆的力比作用于控制阀柱塞的大。

若真空助力器失效或真空管路无真空度,踏板推杆将通过空气阀直接推动膜片座和推杆移动,使主缸产生制动压力,但加在踏板上的力要增大。

3. 制动轮缸

制动轮缸(见图 5-15)又称制动分泵,装在制动器中,是车轮制动力的来源,其功用是:将液体压力转变为使制动蹄张开的机械推力。在车辆的行驶过程中,制动轮缸时常出现漏油、锈死等故障,导致制动力下降甚至丧失,这时应及时对制动轮缸进行检修。出现这种情况时,一般更换轮缸修理包即可恢复制动性能。

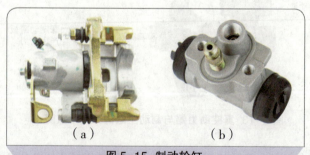

图 5-15 制动轮缸

(a)盘式制动器;(b)鼓式制动器

捷达轿车后制动分泵采用的是双活塞式结构。分泵缸体由铸铁制成,用凸圆头螺钉固定在制动底板上,且位于两个制动蹄之间。缸体内装有两个活塞,两个密封圈由弹簧压靠在活塞上,使其与活塞一起运动，活塞外端孔内的凸台顶块与两制动蹄上端抵紧。缸体两端装有护帽，以防尘土和泥水侵入，导致活塞及缸体生锈而卡死。分泵缸体上装有放气螺塞，以便放出液压系统中的空气。放气螺塞的尾端锥形阀与分泵缸体上阀座密合，上端装有防尘罩。

4. 制动管路、制动软管

制动管路和制动软管必须能承受高压，而且必须有良好的耐热性，能在严酷的环境下工作。制动管路的尺寸、材料、接头形式和安装位置不能随意变更，否则会造成严重的安全隐患。制动管路一般由镀锌或镀铜的双壁钢管制成，接头多用钢或黄铜制成，制动软管一般由合成橡胶浸渍过的多层纤维制成。

5. 阀门

液压制动系统中常见的阀门有压差阀、节压阀和比例阀。

压差阀的作用是操作报警灯开关，提醒驾驶员制动液压系统中出现了压力损失，需要马上检修。节压阀能保证在后制动器起作用之前，前制动器不受压，避免前制动器抱死。比例阀能调节后动系统的压力，并调整前、后制动系统的压差，保持前、后制动力的平衡。

很多新型汽车将压差阀和节压阀、压差阀和比例阀或者三者组合在一起，构成一个组合阀，从而具有原各阀门的所有功能。

三、气压传动装置

以发动机的动力驱动空气压缩机，发动机是制动器制动的唯一能源，驾驶员的体力仅作为控制能源的制动系统称为气压制动系统。一般装载质量在 8 000 kg 以上的载货汽车和大客车都使用这种制动装置。图 5-16 所示为气压制动回路示意图。

发动机驱动的空气压缩机（以下简称空压机）将压缩空气经单向阀首先输入湿储气罐，压缩空气在湿储气罐内冷却并进行油水分离之后，分成两个回路：一个回路经储气罐、双腔制动阀的后腔通向前制动气室；另一个回路经储气罐、双腔制动阀的前腔和快放阀通向后制动气室。当其中一个回路发生故障失效时，另一个回路仍能继续工作，以维持汽车一定的制动能力，从而提高汽车行驶的安全性。

双腔制动阀通过制动踏板来操纵。不制动时，由于前、后制动气室分别经制动阀和快放阀与大气相通，而与来自储气罐的压缩空气隔绝，因此所有车轮制动器均不制动。当驾驶员踩下制动踏板时，制动阀首先切断各制动气室与大气的通道，并接通与压缩空气的通道，于是两个主储气罐便各自独立地经制动阀向前、后制动气室供气，促动前、后制动器产生制动。

在气压制动回路示意图中，还有一条通向挂车制动回路的气路。在不制动的情况下，前制动储气罐通过挂车制动阀、挂车分离开关、接头向挂车储气罐充气。制动时，双腔制动阀的前、后腔输出气压都通入梭阀。由于两腔输出的气压不可能一致，梭阀只让压力较高腔的压缩空气输入挂车制动阀，后者输出的气压又控制装在挂车上的继动阀，所以挂车产生制动。

课题五 汽车制动系统

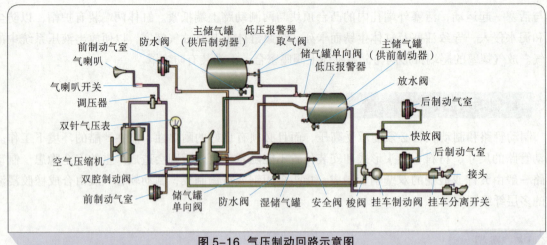

图 5-16 气压制动回路示意图

1. 空气压缩机

空气压缩机（见图 5-17）是气压制动系统的动力来源，由发动机驱动。空气压缩机具有和发动机类似的曲柄连杆机构，主要易损零件是活塞、活塞环、活塞销、缸盖垫片、连杆等。在修理中，直接更换损坏零件即可恢复效能。

2. 调压阀、制动阀、多回路保护阀及其他阀门

调压阀（见图 5-18）又称气压调节器，它的主要作用就是保证储气筒的气压保持在额定数值范围内。

图 5-17 空气压缩机

图 5-18 各种阀门

（a）调压阀；（b）四路保护阀；（c）手制动阀；
（d）脚制动阀；（e）快放阀；（f）加速阀

制动阀是气压制动系统中的主要控制装置，它根据制动踏板的行程控制进入制动气室的压缩空气，实现驾驶员的制动意愿，松开制动踏板时，控制空气回流，解除制动状态。

在制动系统中，压缩空气通过多回路保护阀分别给各回路的储气筒充气，当有一路损坏漏气时，该保护阀能够保证其他回路继续充气，以维持车辆的制动效能。由此可见，它是气压制动系统中的重要安全保护装置。

为了减少制动和解除制动的滞后时间，保证汽车的及时制动和加速，气压制动系统还装备了快放阀和加速阀。快放阀主要保证解除制动时迅速排气，加速阀能缩短供气路线，减少制动时间。

3. 制动气室

制动气室（见图 5-19）类似于液压制动系统中的轮缸，是气压制动系统中的执行装置，使用压缩空气通过机械装置推动制动蹄片，使制动器产生制动力矩。常见的制动气室有膜片式和活塞式两种，其中膜片式应用较广。解放、东风系列均采用膜片式制动气室。

制动气室使用频繁，承受压力较大，容易磨损，除了外壳之外，其他零件均为易损件，其中又以橡胶膜片和弹簧的损耗最为严重。制动气室零件属于安全零件，应定期检查，如有损坏应及时更换。

图 5-19 制动气室

4. 制动管路

制动管路由金属管路、接头和连接软管等组成，要注意管路的气密性，及时更换漏气的管路和接头。在制动管路中，与制动气室相连的气压制动软管是常见的易损零件，更换时要注意管路尺寸及其标准。

任务四　制动防抱死装置（ABS）

车轮制动器对车轮施加制动力矩，通过轮胎与路面的附着作用，才能产生路面对汽车的制动力，使汽车减速或停车。一旦在潮湿或冰雪路面上行驶，制动力达到附着力数值时，车轮即被抱死停止转动，而沿路面滑拖，导致制动距离增长，转向失去操纵，后轮产生甩尾现象和侧滑的危险。为此，汽车中应增设制动防抱死装置（ABS）。

通常，ABS是在普通制动系统的基础上加装车轮速度传感器、ABS电控单元、制动压力调节装置及制动控制电路等。图5-20所示为ABS原理，图5-21所示为ABS控制单元与液压单元总成。

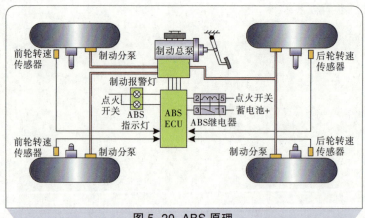

图5-20　ABS原理

图5-21　ABS控制单元与液压单元总成（含电动机）

一、增设制动防抱死装置（ABS）的作用

ABS通过安装在各车轮上的传感器，不断检测各车轮转速，并由计算机计算出制动瞬时车轮滑移率，做出增大或减小制动器压力的决定，由执行机构及时调整制动压力，以保持车轮处于理想滑移率（10%～15%），即车轮始终维持在微弱滑移的滚动状态下制动，不出现车轮完全抱死现象。

二、ABS各组件的作用

1. 车轮转速传感器

安装在每个车轮上，用来检测每个车轮的转速。

2. 压力调节器总成

压力调节器总成包括液压油泵和车轮回路调整器（电磁线圈）等，用来控制和调整制动钳的液压压力。

3. 制动主缸

在抱死情况下，制动气缸用压力调节总成的控制，并调整每个轮制动钳上的液压压力。

4. 电子制动控制模块

电子制动控制模块是一个微型的计算机，它接收车轮速度信息，以车轮速度信息为基础，发送一个电子信号给压力电磁管，电磁管控制制动钳的液压压力。

三、其他附加组件的作用

①防抱死报警灯——安装在仪表板各种设备之间，用来监视ABS；
②液位传感器——安装在储液罐盖上，用来检测制动液的液位；
③压力储备器——安装在压力调节阀总成上，用来存储液压泵的高压；
④压力开关——安装在储备器上，用来检测储备器的压力。

课题五 汽车制动系统

🔊 课题小结

1. 制动系统是在行车中，使车辆减速甚至停车，使下坡的速度保持稳定，以及使停驶的车辆保持不动的系统。制动系统一般由制动操纵机构和制动器组成。

2. 目前汽车所用的摩擦制动器分为盘式和鼓式两大类，盘式制动器主要有固定钳盘式制动器和浮动钳盘式制动器两种；鼓式制动器主要由制动底板、制动分泵、制动蹄及制动鼓等组成。驻车制动器俗称手制动器，主要用来保证汽车停止后的可靠停放；辅助制动器主要应用在大型客车和重型货车上。

3. 介绍了机械和液压传动装置的组成。液压传动装置的组成；介绍了制动主缸、真空助力器、制动轮缸等的工作原理；介绍了气压传动装置的组成，空气压缩机、调压阀、制动阀等的工作原理。

4. ABS 是在普通制动系统的基础上加装车轮速度传感器、ABS 电控单元、制动压力调节装置及制动控制电路等。ABS 的作用是：及时调整制动压力，以保持车轮始终维持在微弱滑移的滚动状态下制动，不出现车轮完全抱死现象。

简答题：

1. 汽车的制动系统有什么作用？
2. 盘式制动器、鼓式制动器各有什么特点？
3. 说明液压制动装置的组成与工作原理和过程。
4. ABS 的作用是什么？

课题六

汽车车身

[知识目标]

1. 掌握车身壳体的结构及分类。
2. 掌握车身附属装置及安全防护装置的组成及功用。

[技能目标]

1. 能够描述冷气装置的工作原理。
2. 能够描述安全防护装置的组成。

[素养目标]

　　汽车车身的颜色多种多样，安全防护有很多种，每个人的发展有无限可能。在社会生活中，由可能转变为现实是经过自我有目的的实践活动而实现的。没有努力，没有实践，人们所有的可能性都不能转变为现实。

任务一　车身壳体、车前板制件及车门、车窗

一、车身壳体

车身壳体是一切车身部件的安装基础，通常指纵、横梁和立柱等主要承力元件以及与它们相连接的板件共同组成的空间结构，还包括在其上敷设的隔音、隔热、防振、防腐、密封等材料及涂层。

1. 车身壳体分类

（1）非承载式车身

这种车身的结构特点是车身通过橡胶软垫或弹簧与车架作柔性连接。在这种情况下，车架是支撑全车的基础，承受着在其上所安装的各个总成的各种载荷。这种车身并不是不承载，至少要承受所装载的人员和货物的质量及惯性力，但需在车架设计时不考虑车身对车架承载所起的辅助作用。

（2）半承载式车身

这种车身的结构特点是车身通过焊接、铆接或螺钉与车架刚性连接。在这种情况下，车架仍然是承受各个总成的载荷的主要构件，但车身还在一定程度上有助于加固车架，以分担车架所承受的一部分载荷。

（3）承载式车身（或称全承载式车身）

这种车身的结构特点是汽车没有车架，车身作为发动机和底盘各总成的安装基体。在这种情况下，车身兼有车架的作用并承受全部载荷。

2. 车身壳体结构

（1）典型的轿车车身壳体结构

为了省去笨重的车架而使汽车轻量化，绝大多数轿车车身都采用承载式结构。

图 6-1 所示为捷达轿车的承载式车身壳体。该车身如其他轿车车身一样，没有明显的骨架，是由外部覆盖件和内部板件焊合而成的空间结构。其车身壳体的纵向承力构件有：前纵梁 24、门槛 17、地板通道 20、后纵梁 13、上边梁 7 和前挡泥板加强撑 22；横向承力构件有前座椅横梁 21、地板后横梁 14、前风窗框上横梁 4、前风窗框下横梁 3、后风窗框上横梁 6、后窗台板 8 和后围板 9；垂直承力构件有前立柱（A 柱）18、中立柱（B 柱）16、后立柱（C 柱）10 等。车身主要板件有前挡泥板 23、前地板 19、后地板 15、前围板 2、顶盖 5、后轮罩 12 和后翼板 11 等。上述构件和板件利用搭接、翻边等连接方式按顺序点焊组装成后地板总成、左右侧围总成、前地板与前围总成、顶盖等，最后拼装焊合成整个车身壳体。

现代轿车的承载式车身壳体前部都有副车架 25。在副车架上安装发动机、传动系统、前悬架和前轮，组合成便于装配和维修的整体。副车架与承载式车身前部的下面用弹簧橡胶垫连接，以隔离振动和冲击，提高车身的舒适性。

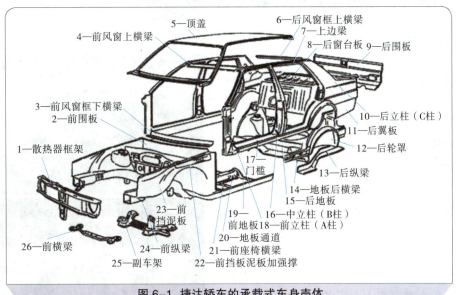

图 6-1 捷达轿车的承载式车身壳体

（2）典型的驾驶室壳体结构

绝大多数货车驾驶室都是非承载式的结构，因为驾驶室只占汽车长度的一小部分，不可能采用承载式结构。驾驶室没有明显的骨架，由外部覆盖件和内部板件焊合成壳体，通过 3 点或 4 点弹性悬置与车架连接。

图 6-2 所示为解放 CA1092 型货车驾驶室壳体，该车是长头式货车。平头式货车驾驶室与长头式货车驾驶室相比，除轮罩部结构差别较大外，其余基本相似。该驾驶室壳体的纵向承力构件有左门槛 13 和上边梁 7；横向承力构件有前风窗框上横梁 5、前风窗框下横梁 4、后围上

横梁8和地板后横梁10；垂直承力构件有左前立柱14和左后立柱11。驾驶室壳体主要板件有：地板12、前围板2、前围上盖板3、前围左侧盖板1、顶盖6和后围板9等。驾驶室壳体各个零件按预定的顺序点焊连接，最后由地板总成、后围总成、前围总成、顶盖等拼装焊合而成。

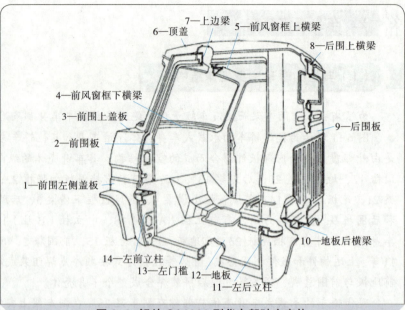

图6-2 解放CA1092型货车驾驶室壳体

二、车门、车窗及其附件和密封

汽车的车门与车身

1. 车门

车门是车身上重要的部件之一，按其开启方法可分为顺开式、逆开式、水平滑移式、上掀式、折叠式和外摆式等，如图6-3所示。顺开式车门即使在汽车行驶时仍可借气流的压力关上，比较安全，故被广泛采用。逆开式车门在汽车行驶时若关闭不严就可能被迎面气流冲开，因而很少采用。水平滑移式车门的优点是：当车身侧壁与障碍物距离很小时仍能全部开启。上掀式车门广泛用于轿车及轻型客车的背门，有时也用于低矮的汽车。折叠式和外摆式车门广泛应用于大、中型客车。在有些大型客车上，还备有加速乘客撤离事故现场以及便于救援人员进入的安全门。

图6-3 车门

2. 车窗

（1）风窗

汽车的前、后风窗通常采用有利于视野而又美观的曲面玻璃。前风窗和后窗借助于橡胶密封条扣在车身壳体上。多数现代轿车采用专门的黏合剂粘贴前、后风窗，使之与车身壳体表面形成光顺连续的曲面以减小空气阻力。

（2）三角通风窗

为便于自然通风，某些汽车在车门上设有三角通风窗，三角通风窗可绕垂直轴旋转，窗的前部向车内转动，而后部向车外转动，使空气在其附近形成涡流并绕车窗循环流动。

（3）车门升降玻璃

轿车和货车两侧的车门均配备有升降玻璃及操纵玻璃升降的手柄。升降玻璃可在前后两根平行的窗框导轨里面上下移动，在玻璃与窗框导轨之间装有植绒橡胶密封槽。现代轿车的车门升降玻璃都装在窗框和导轨的外侧，与车身壳体形成光顺连续的表面，以减少空气阻力。

现代轿车广泛采用圆柱面的升降玻璃，通常采用齿轮齿扇交叉臂式和钢丝绳式两种玻璃升降器。

玻璃升降器的制动机构如图6-4所示。手柄的转轴4支承在外壳（制动鼓）上。外壳的内部安装有制动弹簧。制动弹簧的外径略大于外壳的内径，事实上是撑在外壳内，与外壳摩擦而形成制动力矩。制动弹簧的两头有钩状末端与手柄转轴的扇形缺口相对应。联动盘与齿轮铆接在一起，并与手柄转轴同心。联动盘凸销位于制动弹簧的两个钩状末端之间。当乘员转动手柄时，手柄转轴的扇形缺口抵住制动弹簧的钩状末端，使弹簧卷紧（直径缩小），此时制动弹簧与外壳的摩擦力大大减小，钩状末端又推动联动盘凸销，从而使齿轮转动。应特别指出，上述传动过程是不可逆的：当玻璃重力通过齿扇推动齿轮时，联动盘凸销抵住制动弹簧的钩状末端，有使弹簧直径增大的趋势，此时弹簧在外壳上撑得更紧，不能转动。

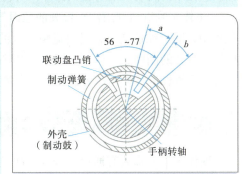

图6-4 玻璃升降器的制动机构

（4）轿车的遮阳顶窗

在现代轿车上，遮阳顶窗越来越广泛被采用。遮阳顶窗及其他车窗开启时可使汽车室内与外界连通，接近敞篷车的性能，以便乘员在风和日丽的季节里充分享受明媚的阳光和新鲜的空气。遮阳顶窗不但可以增加室内的光照度，而且也是一种较有效的自然通风装置。根据需要的不同，可把遮阳顶窗部分或全部关闭，这样就形成了功能优异的全天候式车身结构（见图6-5）。

遮阳顶窗带有隔热金属镀膜的玻璃镶上钢制的边框，边框周边上装有密封条。整套装置由电动机通过钢索驱动，可使玻璃翻开或者向后滑入汽车顶盖之内。当左右两侧的驱动钢索将撑杆的下端拉向前时，撑杆上端逐渐把玻璃后部顶起，从而使玻璃翻开；当驱动钢索拉动撑杆向后时，撑杆上端的销子下降并沿玻璃支架的槽向后拖动玻璃后部使其下沉，从而使之滑入顶盖之内。遮阳板位于玻璃的下面，可用手拉着前后移动，以阻隔从玻璃射入的阳光，同时也对室内起密封作用。

图6-5 遮阳顶窗

任务二　车身附属装置及安全防护装置

一、车身附属装置

1. 通风装置

在汽车行驶时必须保证室内通风，即对汽车室内不断充入新鲜空气，驱排混有尘埃、二氧化碳及其他来自发动机的有害气体，同时将新鲜空气加热或降温，以保证车内温度适宜。

不依靠风机而利用汽车行驶的迎面气流进行车内空气交换的办法称为自然通风。在汽车行驶过程中，既要保证通风，又要避免急速的穿堂风使乘员着凉。自然通风可依靠车身上的进、出风口以及打开的侧窗、顶窗、车门上的升降玻璃和三角通风窗实现。

利用风机进行强制通风的方法比自然通风更有效，并可用过滤方法保证空气更加洁净。

2. 通风、暖风、冷气联合装置

现代汽车上都装有通风、暖气、冷气联合装置，或称四季空调系统。在风机的作用下，室外空气经由进风口进入系统，并经由过滤进口而流经制冷装置的蒸发器和暖气装置的散热器。系统的控制器可根据所需的温度指令控制分配箱内部各个阀门的开度，分别调节经由蒸发器和散热器的空气流量，然后将冷、热空气混合，以获得温度适宜的气流，再经由出风口导入室内。在寒冷季节还可将热空气经由热空气出口导向风窗除霜。

暖气装置的散热器与发动机水冷却系统的管道连接，可将流过的新鲜空气加热。

冷气装置制冷循环的工作原理：在冷气压缩机的作用下，制冷工质由储液罐流出，经由高压管道流经膨胀阀，在膨胀阀弹簧力的作用下，制冷工质由管道进入压缩机而使其压力增加、体积缩小，再经由冷凝器降温，被还原为液态，回到储液罐。

制冷工质应具有沸点低、制冷能力大、不可燃、无腐蚀作用、无毒等特点。传统的制冷工质常采用二氟二氯甲烷（CCl_2F_2），又称氟利昂12或F12。但是，该种制冷工质会破坏大气的臭氧层，故近年来提倡采用环保型制冷工质。

冷气装置压缩机的右侧装有带轮，由发动机曲轴通过传动带带动。当压缩机主轴与带轮之间的电磁离合器接合时，压缩机开始工作。

二、座椅

座椅是车身内部的重要装置。座椅的作用是支撑人体，使驾驶员操作方便和乘坐舒适。座椅由骨架、坐垫、靠背和调节机构等部分组成。

座椅骨架常由轧制型材（钢管、型钢）或冲压成型的钢板焊接而成。座椅与靠背的尺寸和形状应与人体相适应，以使人体与座椅接触的压力合理分布，保证乘坐舒适。为避免人体在汽车行驶时左右摇晃而引起疲劳，坐垫和靠背中部略为凹陷（有些座椅设计成簸箕形），并在其表面制成凹入的格线以提高人体的附着性能及改善透气性。

坐垫和靠背的覆饰材料应具有美观、强度高、耐磨、阻燃等性能。座椅面料采用富有弹性的针织布料，以很好地适应座椅在人体重力作用下的反复变形。采用起毛织物可增加吸湿性和透气性，其原料以纯羊毛最好，但价格较高。真皮座椅价格虽高但耐用，适于高级轿车。普通座椅的面料通常采用人造革或连皮发泡塑料，以便于擦拭。

座椅和靠背的弹性元件应保证弹性特性适当。弹性元件分为金属和非金属两类。金属弹性元件由弹簧钢丝绕成螺旋状或S形，通常绷在座椅骨架上。非金属弹性元件广泛采用聚氨酯发泡塑料，在金属模子中发泡成坐垫或靠背芯子所需的形状，其密度、刚度、阻尼等都可按需要调配。

> 座椅调节机构的作用是改变座椅与驾驶操纵机构的相对位置，以适应不同身材的驾驶员的需要。最基本的两种调节方式是：座椅行程调节和靠背角度调节。行程调节装置可使座椅在左右两根滑轨上前后移动（见图6-6）。拉起行程调节手柄可使移动的卡爪与固定的齿条脱开。
>
> 手柄放松时，卡爪在复位弹簧作用下重新与齿条某个齿扣紧。靠背角度调节器的内部有发条状弹簧、齿轮、卡爪等。发条状弹簧两端分别与坐垫和靠背相连，以使靠背向前倾翻，装在靠背上的齿轮亦随之翻转相同的角度。扳动调节手柄就可操纵装在坐垫上的卡爪扣住齿轮某个齿，从而使靠背在所需的角度上定位。

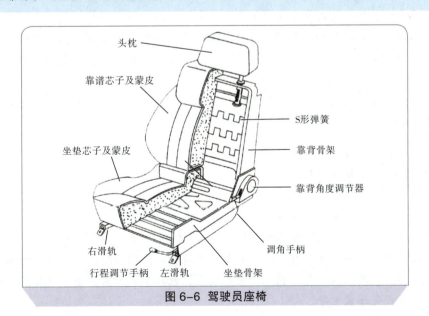

图6-6 驾驶员座椅

最先进的座椅调节机构用微型电动机驱动，有10种以上的行程和角度调节方式（其中也包括调节转向盘倾角与后视镜倾角）。这种机构有调节按钮及电子记忆装置，可记忆3个驾驶员所需的调节方式。驾驶员就座后，开动记忆装置就可操纵微型电动机按预先设定的位置迅速完成 10 多项调节。

三、安全防护装置

汽车安全保障

安全防护装置是现代汽车结构的重要组成部分。在发生汽车碰撞事故时，安全防护装置能有效地减轻乘员的伤亡和汽车的损坏。

1. 车外防护装置

（1）车身壳体结构的防护措施

根据碰撞安全要求，车身壳体的正确结构应是：使乘客舱具有较大的刚度，以便在碰撞时尽量减少变形；同时使车身的头部、尾部等其他离乘员较远的部位的刚度相对较小，以便在碰撞时产生较大的变形而吸收撞击能量。显然，若车身乘客舱按照汽车行驶时的载荷来设计，其刚度就显得不足，还需要进行局部加强。乘客舱较易加固的是前围板、地板等宽大的部件。门、窗孔洞的周围则是薄弱环节，但风窗立柱和中立柱的尺寸又不宜过大，只能在其内部贴上较厚的加强板。在汽车碰撞时，为避免整个乘客舱的构架产生剪切变形而塌陷，必须加固门、窗框周边拐角部分，可在其上贴加强板或加大拐角的过渡圆角。

要使乘客舱获得必要的刚度，不能仅靠局部补强的方法，而应就整个车身结构通盘考虑。

众所周知，杆件或梁在弯曲时变形较大，而在拉伸或压缩时变形较小。因此，车身客舱构件应合理布置，使之尽量不受弯曲载荷。在头部或尾部受碰撞时，可通过倾斜构件将主要的碰撞力传向车身纵向构件，使之承受拉伸或压缩载荷。

为了使车身头部和尾部的刚度较小，可以在粗大的构件上开孔或开槽来削弱它，或者使构件在汽车碰撞时承受弯曲载荷，即有意设计成折弯形或 Z 字形，以便承受碰撞力时折叠并吸收冲击能量。

为使乘客舱侧面较强固，以承受较大的撞击力，车身门槛应较粗大，并用地板横梁将左右两根门槛连接起来共同受力。此外，在车门内腔还设有防撞杆。

（2）保险杠及护条

汽车最前端和最后端都有保险杠，许多轿车左右两侧还有纵贯前后的护条。保险杠和护条的安装高度应符合规定，以便汽车相撞时两车的保险杠或护条能首先接触。

保险杠的防护结构应包括两部分：首先是减少行人受伤的保险杠软表层，由弹性较大的泡沫塑料制成；其次是可吸收一部分撞击能量的装置，包括金属构架、全塑料装置、半硬质橡胶缓冲结构、液压或气压装置等。

车身侧面的护条以防止汽车相互刮擦为主，可以轻微地与行人接触，一般由半硬质塑料或橡胶制成。

（3）汽车其他外部构件

根据事故统计资料，除了保险杠外，经常使行人受伤的构件主要有：前翼板、前照灯、发动机罩、前轮、风窗玻璃等。这些构件不应尖锐和坚硬，最好是平滑又富有弹性。某些轿车的整个正面都用大块聚氨酯泡沫塑料制成，并将发动机罩顶面用软材料包垫，以提高安全性。

2. 车内防护装置

汽车碰撞时，其速度迅速下降，而车内成员的身体由于惯性的作用仍以较大的速度向前冲，就有可能撞到前面的转向盘、仪表板、风窗玻璃，引起伤亡。安全带和气囊系统是避免人体与前面的构件相撞的两种常用的防护装置。

（1）安全带

安全带是极有效的防护装置，可大幅度降低碰撞事故时车内乘员的受伤率和死亡率，其效能已被国外大量使用实践所证明。

图6-7所示为最常用的三点式安全带的组成部分。带子由结实的合成纤维织成，包括斜跨前胸的肩带及绕过人体胯部的腰带。在座椅外侧和内侧地板上各有一个固定点，第三个固定点位于座椅外侧支柱上方。带子绕过上方固定点的环状导向板伸入车身立柱内腔，并卷在立柱下部的收卷器内。乘员胯部内侧附近有一个插扣，由插板（松套在带子上）和锁扣（与内侧地板固定点相连）两部分组成。该两部分插合后即可将乘员约束在座椅上。按下插扣上的红色按钮就可解除约束。收卷器有多种结构形式，功能较完备的是紧急锁止式收卷器（ELR）。该种结构在正常情况下，安全带对人体上部并不起约束作用。当乘员向前弯腰时，带子可从收卷器经由上方固定点的导向板被拉出；而当乘员恢复正常坐姿时，收卷器又会自动把多余的带子收起，使带子随时保持与人体贴合。但在紧急情况下亦即汽车减速度超过 $0.7g$ 或车身侧倾角超过 $12°$ 时，收卷器会将带子卡住，从而对乘员产生有效的约束。

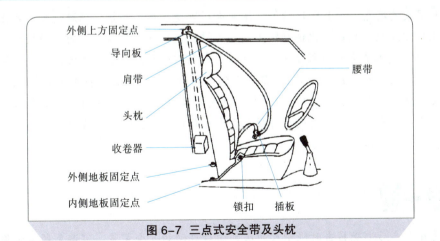

图6-7 三点式安全带及头枕

（2）气囊系统

气囊系统通常称为辅助约束系统（SRS），可与安全带一起对前排乘员提供有效的保护。对于未佩戴安全带的乘员，气囊系统的防护作用是极为有效的；而对于佩戴安全带的乘员，气囊系统可以有效地减轻头部受到的伤害。近年来，有些汽车为了提高其安全性，还设置了侧面气囊系统。

汽车碰撞的过程极短（从开始接触到汽车变形终止，大约只有0.1 s），驾驶员离开座位撞到转向盘的时间比0.1 s更短，因此，要求气囊系统必须在更加短促的时间内（0.05 s，从触发至完全充气展开），填补驾驶员至转向盘的空间，以对人体起缓冲作用。

气囊系统如图6-8所示，包括几个传感器组成的传感器判断系统、气体发生器和气囊等部件。气囊平时折叠在转向盘毂内（副驾驶员的气囊折叠在右侧仪表板内），气体发生器连接在气囊的根部。传感器判断系统可判定碰撞强烈程度（一般限值是：汽车的减速度超过16g），以决定是否向气体发生器发出点火指令。

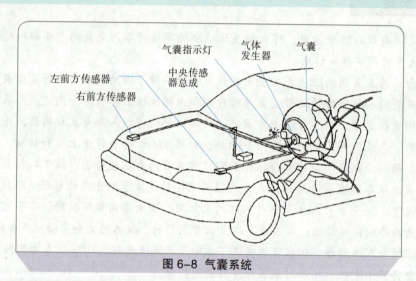

图6-8 气囊系统

气囊采用氮气填充，由叠氮化钠等气体发生剂燃烧产生。叠氮化钠燃烧时与氧化铁（或氧化铜）产生化学反应，生成氧化钠和铁（或铜），析出氮气，化学反应的时间极短，可以说是一个爆发过程。气体发生器如圆盒状，其中心装有引燃器和点火剂，周围是填充气体发生剂的燃烧室，燃烧产生的大量氮气由冷却层降温，继而经由过滤层滤去残渣并控制流动，进入气囊。美式驾驶员气囊的容积为50～80 L，副驾驶员气囊容积为120～160 L；欧式气囊的容积比美式气囊容积小些。气囊底部开有两个卸压孔，在人体向前冲并埋入气囊时，氮气开始通过卸压孔排出，以缓和对人体的冲击力，并避免剧烈反弹。

（3）头枕

头枕是在汽车后部受撞击时限制人的头部向后甩动的安全装置，可避免颈椎受伤。严重的颈椎挫伤可能使其内部神经（脊髓）受损，导致颈部以下全身瘫痪（高位截瘫）。

(4) 安全玻璃

汽车正面或侧面受撞时，乘员头部往往撞击风窗玻璃或侧窗玻璃而受伤，并且玻璃碎片还会使脸部或眼睛受伤。

目前，在汽车上广泛应用的安全玻璃有钢化和夹层玻璃两种。钢化玻璃是在炽热状态下使其表面骤冷收缩，从而产生预应力的强度较高的玻璃（其落球冲击强度是普通玻璃的6～9倍）。普通夹层玻璃有3层，总厚度约为4 mm，其中间层厚度为0.38 mm。汽车用的夹层玻璃中间层则加厚一倍，达0.76 mm，具有较高的冲击强度，称为高抗穿透（HPR）夹层玻璃。国产的车用夹层玻璃中间层材料通常采用韧性较好的聚乙烯醇缩丁醛。

钢化玻璃受冲击损坏时，整块玻璃出现网状裂纹，脱落后分成许多无锐边的碎片。HPR夹层玻璃受冲击损坏时，内、外层玻璃碎片仍黏附在中间层上。中间层韧性较好，在承受撞击时拱起，从而吸收一部分冲击能量，起到缓冲作用。大量事故调查表明，HPR夹层玻璃的安全性优于钢化玻璃，故现代汽车的前风窗应尽量采用这种玻璃。

(5) 门锁与门铰链

现代汽车的门锁与门铰链应有足够的强度，能同时承受纵、横两个方向的冲击载荷而不致使车门开启，避免了乘员被甩出车外而受重伤或死亡的危险。此外，在事故发生后，门锁应不失效，使车门仍能被打开。旧式的舌簧式、钩簧式、齿轮转子式等门锁不能承受纵向载荷，已被淘汰，而能同时承受纵、横向载荷的转子卡板式门锁则被广泛采用。

(6) 室内其他构件

车身内部一切可能受人体撞击的构件都不应有尖角、凸棱或小圆弧过渡的形状，而且车身室内广泛采用软材料包垫。室内软化不仅是为了满足舒适性的要求，更重要的还是为了满足安全性的要求。

课题小结

1. 车身壳体是一切车身部件的安装基础，车身壳体按受力不同可分为非承载式、半承载式和承载式车身。

2. 车门按开启方法不同，可分为顺开式、逆开式、水平滑移式、上掀式、折叠式和外摆式等。车窗部分主要介绍了风窗、三角通风窗、车门升降玻璃、轿车的遮阳顶窗。

3. 介绍了通风装置及冷气装置制冷循环的工作原理；座椅的组成及各部分的作用。

4. 介绍了车外防护装置，如车身壳体结构的防护措施、保险杠及护条；车内防护装置，如安全带、气囊系统、头枕、安全玻璃、门锁与门铰链等。

简答题：

1. 车身壳体有哪几类？
2. 玻璃升降器的工作原理是什么？
3. 遮阳顶窗是怎样实现翻开和前后滑动的？

课题七

汽车电器

[知识目标]

1. 掌握蓄电池的结构与原理。
2. 掌握发电机、起动机的构造与工作原理。
3. 掌握汽车照明与信号系统的组成和功用。
4. 掌握汽车电动辅助装置的组成和功用。
5. 掌握汽车空调制冷系统的组成和工作原理。

[技能目标]

1. 能够对蓄电池进行充电。
2. 能够描述发电机与起动机的工作原理。
3. 能够描述中控门锁的工作原理。

[素养目标]

树立正确的人生观、价值观，拒绝享乐主义。人生从"高"状态转变到"低"状态，这个过程能够自我发展；人生从"低"状态转变到"高"状态，这个过程不可能自我完成，这需要我们自己源源不断地努力，弥补这两个状态之间的差值，这个过程如同蓄电池的充电过程，需要付出努力，没有人能随随便便成功。

任务一　汽车电源

蓄电池和发电机是汽车上的两大电源。发电机是主要电源,在正常工作时,对除起动机以外的所有用电器供电,并向蓄电池充电。现代汽车上普遍使用三相交流发电机,利用硅二极管组成的整流器,把定子绕组产生的三相交流电整流成直流电。为使发电机在转速变化时输出稳定的电压,必须使用电压调节器。

充电系统的电路如下:
① 发电机的工作电路,即发电机励磁电路及调节器电路。
② 充电电路及充电指示灯电路。

蓄电池是汽车上的两个电源之一,它是一种可逆直流电源,在汽车上与发电机并联,其主要作用如下:

①发动机起动时,向起动机和点火系统供电。
②发电机不发电或电压较低时,向用电设备供电。
③当用电设备同时接入较多而使发电机超载时,协助发电机供电。
④当发电机的端电压高于蓄电池的电动势时,它可将电能转变为化学能储存起来(即充电)。

此外,蓄电池还相当于一个容量很大的电容器,在发电机转速和用电负载发生较大变化时,可保持汽车电网电压相对稳定。蓄电池还可吸收电网中随时出现的瞬间过电压,以保护用电设备尤其是电子元器件不被损坏,这一点对装有大量电子系统的现代新型汽车来说是非常重要的。发动机绝不允许脱开蓄电池运转。

一、蓄电池的结构与原理

蓄电池主要由极板、隔板、外壳和电解液等组成,如图7-1所示。

盛装有电解液,插入多个用隔板隔开的正、负极组便成为单体电池。每个单体电池的标称电压为2 V,将6个或12个单体电池串联后便成为一个12 V或24 V的蓄电池总成。

认识蓄电池

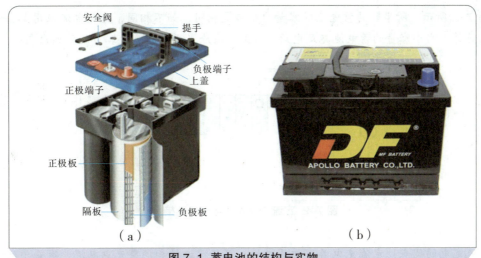

图 7-1 蓄电池的结构与实物

(a)结构；(b)实物

二、蓄电池的充电

充电是蓄电池使用过程中的一个重要环节。对于新启用的蓄电池或修复的蓄电池，在使用前必须进行初次充电；使用中的蓄电池也要进行补充充电，特别是在汽车充电系统发生故障而导致蓄电池充电不足的情况下；在存放期中，每3个月也要进行一次放电、充电循环处理，以保持蓄电池一定的容量，延长其使用寿命。

1. 充电时蓄电池正负极性的识别

充电时应将蓄电池的正、负极与对应的充电机的正、负极相连。若极性接反，则会造成蓄电池损坏。

蓄电池的正、负极柱上一般都分别标有"＋""－"记号，或正极桩上涂红色。

如标记模糊不清，可用下述方法进行识别：

①观察极桩的颜色，使用过的蓄电池正极桩呈深棕色，负极桩呈淡灰色。

②用直流电压表接蓄电池的两极，按照指针偏摆方向判断其正、负极。

③利用电解液进行识别，将蓄电池的两极接上导线，插入电解液中，导线周围产生气泡多的为负极。

2. 充电方法

(1) 定流充电

在充电过程中，使充电电流（一般为蓄电池容量的0.1倍以下，如60 A·h蓄电池不大于6 A）保持恒定的充电方法称为定电流充电法，简称定流充电。

定流充电时，被充电的蓄电池不论是6 V还是12 V，均可串联在一起进行充电，其连接方法如图 7-2 所示。所串联的蓄电池的容量应尽可能相同，如不相同，充电电流应用小容量的蓄电池来计算。当小容量的蓄电池充足电后，应随之去除，再继续给大容量的蓄电池充电。

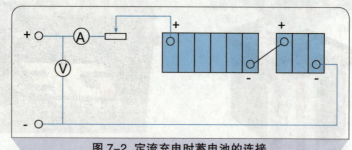

图 7-2 定流充电时蓄电池的连接

定流充电的优点：定流充电具有适用性好，可任意选择和调整充电电流，有益于延长蓄电池的使用寿命等优点。这种充电方式可用于各种不同的蓄电池，如新蓄电池的初充电、去硫充电、补充充电等，均可采用这种方式。缺点是：充电时间长，且需要经常调节充电电流。

（2）定压充电

在充电过程中，充电电压始终保持不变的充电方法称为定电压充电法，简称定压充电。定压充电蓄电池的连接方式如图 7-3 所示。采取此方式时，要求各支路蓄电池的额定电压必须相同，容量也要一样。

定压充电的充电电压一般按单体电池 2.5 V 选择，即 6 V 蓄电池的充电电压为 7.5 V，12 V 蓄电池的充电电压为 15 V。

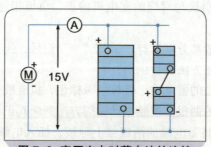

图 7-3 定压充电时蓄电池的连接

1）定压充电的优点

一是充电效率高。在开始充电的 4～5 h 内，蓄电池就能获得 90%～95% 的充电量，因而可大大缩短充电时间。二是操作方便，不易过充电。充电电压无须调整；充电过程中，充电电流逐渐减小，充足电时，充电电流接近零，不易发生过充电现象。

2）定压充电的缺点

由于不能调整充电电流的大小，因此不能用于蓄电池的初充电和去硫充电，仅用于补充充电。

同时由于充电初期电流太大，易造成电解液温升过快、极板弯曲、活性物质脱落，从而影响蓄电池的技术性能和使用寿命。因此，这种方法除用在短时间补充充电的情况下外，一般很少使用。

上述两种方法统称为"常规充电"。定流充电要完成一次初充电需 60～70 h，补充充电也需 20 h 左右。由于充电时间太长，给使用带来不便，所以常采用另一种充电方法——快速充电。

（3）脉冲快速充电

脉冲快速充电的特点如下：
①充电时间短。初充电一般不超过 5 h，补充充电只需 0.5～1.5 h。
②节能。消耗电能为常规充电的 80%～85%。
③可以增加蓄电池的容量。由于脉冲快速充电能消除极化，因此充电时化学反应充分，加深了反应深度，使蓄电池容量有所增加。
④具有显著的去硫化作用。
⑤对蓄电池的寿命有一定影响，仍需进一步改进。

一般来讲，经快速充电的蓄电池只是提高了充电容量，并未充足电。若想充足，必须用小电流或正常充电电流进行最后充电。多数快速充电设备都装有温控器，充电时将其插入蓄电池的注液口中，当电解液超过一定温度（通常为 50 ℃）时，设备会自动停止充电。

三、保险装置

保险装置主要指的是保护电气线路或用电设备（用电器）的易熔线和熔断器（保险丝）。

1. 易熔线

易熔线（见图 7-4(a)）通常用来保护电源和大电流干线，它在 5 s 内熔断的电流以普通熔丝计量的话，相当于有 200～300 A 电流通过，因此，绝对不允许换用比规定容量大的易熔线。当易熔线熔断时，要仔细查找原因，彻底排除故障。

图 7-4 易熔线、熔断器
（a）易熔线；（b）熔断器

易熔线常用截面积为 0.3 mm²、0.5 mm²、0.85 mm² 和 1.25 mm² 的易熔线构成，其熔断电流及允许通过的电流是一定的。

易熔线熔断后，需找到故障原因并排除，并更换易熔线，当无相同规格的易熔线可代换时，暂时可以用同容量的熔断器串接在电路上或用粗导线代替，过后一定要及时换用符合要求的易熔线。

2. 熔断器

熔断器（保险丝，见图 7-4（b））一般安装在仪表盘附近或发动机罩下面的熔断器盒内，常与继电器组装在一起，构成全车电路的中央接线盒。由于全车电路被点火开关和其他开关（如灯光开关）分成火线、点火/仪表/指示灯线和附件专用线，还可以再由继电器灯光开关分成小灯、尾灯线、前照灯线等，所以相应的熔断器也会分成几类。可以用试灯或电压表将熔断器分类如下：

①所有开关都断开时仍有电的熔丝为蓄电池线（30 号）所接。
②点火开关在 ON 位时有电的熔丝为点火/仪表/指示灯线（15 号）所接。
③在附件专用挡有电的熔丝为附件专用线（ACC 线）所接。

普通熔断器，通过的电流为 110% 额定值时不熔断。通过的电流为 135% 额定值时，在 60 s 内熔断。通过的电流为 150% 额定值时，20 A 以内的熔断器应在 15 s 内熔断；30 A 熔断器应在 30 s 内熔断。

（1）熔断器的检查

熔断器熔断一般通过观察便可发现，对于较隐蔽的故障，需要进行详细检查。方法是用万用表测量熔断器是否熔断，也可用试灯方法检查。检查熔断器的要求如下：
①熔断器熔断后，必须找到故障原因，彻底排除故障。
②更换熔断器时，一定要与原规格相同，特别要注意，不能使用比规定容量大的熔断器。在汽车上增加用电设备时，不能随意改用容量大的熔断器，应另外安装熔断器。
③熔断器支架与熔断器接触不良会产生电压降和发热现象。因此，特别要注意检查有无氧化和脏污现象。若有脏污和氧化物，必须用细砂纸打磨光，使其接触良好。

（2）熔断器熔断后的应急处理方法

①熔断器熔断后，在没有备用熔断器的情况下，绝对不能使用香烟盒上的锡箔纸代替熔断器，如果装上锡箔纸，即使流过锡箔纸 50 A 以上的电流，锡箔纸除了会发热变红之外不会熔断，容易引起火灾，是十分危险的。
②在应急时，可用细导线代替熔断器，把汽车上使用的 0.5 mm² 乙烯树脂多股绞合线拆开，使用其中的一股。这种细导线一般相当于大约 15 A 的熔断器。

四、继电器

1. 继电器的概念

继电器是自动控制电路中常用的一种元件,它是利用电磁感应原理以较小的电流来控制较大电流的自动开关,在电路中起着自动操作、自动调节、安全保护等作用。在汽车电气系统中所使用的继电器体积较小,触点控制的电流也较小,属于小型继电器。这里主要讨论汽车用的小型继电器。

2. 继电器的类型

继电器的种类很多,常用的有电磁式和干簧式两种。电磁式继电器是以电磁系统为主体构成的,当切断继电器线圈的电流时,电磁力消失,衔铁在板簧的作用下恢复原位,触点又闭合。由于电磁式继电器具有成本低等优点,所以被广泛应用于汽车电器中。

3. 汽车继电器的典型应用

汽车上许多电器部件需要用开关进行控制。由于汽车电气系统电压较低,而具有一定功率的电器部件工作电流较大,一般在几十安以上,这样大的电流如果直接用开关或按键进行通断控制,开关或按键的触点将因无法承受大电流的通过而烧毁。在汽车上常用的继电器有:起动继电器、喇叭继电器、闪光(转向)继电器和刮水继电器等。

五、发电机、起动机

1. 发电机的构造与原理

汽车用交流发电机的结构如图7-5所示。

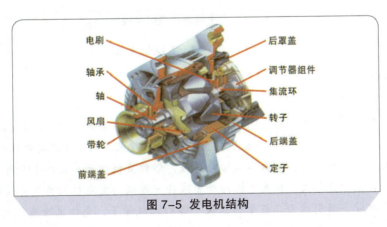

图7-5 发电机结构

课题七 汽车电器

（1）转子

转子（见图7-6）由转子轴、励磁绕组、两块爪形磁极、滑环等组成。它的作用是：当通过电刷给励磁绕组供电时，励磁绕组产生磁场。其电器符号一般用电磁线圈加文字标注表达。

图7-6 转子结构

（2）定子

定子又叫电枢，由铁芯和三相绕组组成，其功用是产生感应电动势。定子铁芯由相互绝缘的、内圆带槽的环状硅钢片叠成。定子槽内置有三相电枢绕组。定子绕组有星形连接和三角形连接两种形式。在星形连接形式中，三相绕组的公共接点称为中性点，一般用"N"表示。如图7-7所示。

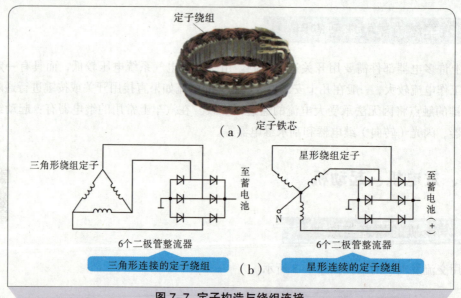

图7-7 定子构造与绕组连接

（a）定子构造；（b）绕组连接方式

（3）整流器

整流器（见图7-8）的功用是：将发电机定子绕组产生的交流电变换为直流电。其一般由6只硅整流二极管和安装二极管的散热板组成。目前，国内外采用的硅整流发电机均为负极搭铁。压装在后端盖上的二极管，其引线为二极管的负极，俗称负极管子，壳体上涂有黑色标记。负极管子的外壳（二极管的正极）和发电机的外壳接在一起成为发电机的负极（搭铁极）。压装在元件板上的二极管，其引线为二极管的正极，俗称正极管子，壳体上涂有红色标记。3个正极管子的外壳压装在元件板的3个孔中，与元件板接在一起成为发电机的正极，经螺栓引至后端盖的外部作为发电机的电枢（火线）接线柱，标记"电枢"或"+"，如图7-8所示。元件板与后端盖之间用尼龙或其他绝缘材料制成的垫片隔开，并固定在后端盖上。

为了利用中性点电压，提高发电机输出功率，增加两只二极管对中性点电压进行整流并入发电机输出端，称为八管式整流器。

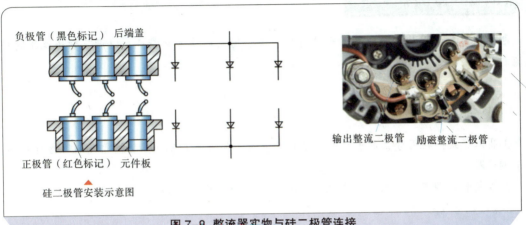

图 7-8 整流器实物与硅二极管连接

（4）端盖和电刷总成

前后端盖（见图 8-9）均由铝合金压铸或砂模铸造而成，这是因为铝合金为非导磁性材料，可减少磁化并具有轻便、散热性能良好的优点。

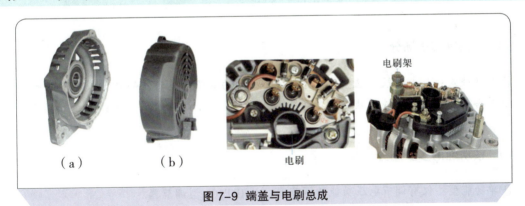

图 7-9 端盖与电刷总成

（a）前端盖；（b）后端盖

电刷总成由两只电刷、电刷弹簧和电刷架组成。电刷装在电刷架的孔内，借电刷弹簧的压力与转子总成上的滑环保持接触，用来给转子绕组提供磁场电流。

硅整流发电机有内搭铁和外搭铁之分，两只电刷引线的接法也不同。对于内搭铁发电机，其磁场绕组直接在发电机内部搭铁，两只电刷的引线一根与后端盖上的磁场接线柱"F"（或"磁场"）相连接，另一根则直接与发电机外壳上的搭铁接线柱"F-"（或"搭铁"）连接。而外搭铁式发电机由于磁场绕组是通过所配的调节器搭铁，因此，两只电刷接线柱均与发电机外壳绝缘，分别用"F+""F-"表示（有的用"DF+""DF-"表示）。

为了保证发电机在工作时不致因温升过高而损坏，在发电机转子轴上装有风扇（用钢板冲制而成或铝合金压铸而成），后端盖上有进风口，前端盖上有出风口。当发电机轴旋转时，风扇也一起旋转，通过空气高速流经发电机内部对发电机进行强制冷却。

（5）电子调节器

电子调节器利用晶体三极管的开关特性，使磁场电路接通和断开，以调节磁场绕组的平均电流。

1）按结构形式划分

①晶体管式：利用分立电子元件组成的调节器，如解放 CA1091 型载货汽车用的 JFT106 型电子调节器。

②集成电路调节器：利用集成电路（IC）组成的调节器，如北京切诺基（BJ2021）、奥迪100 和桑塔纳等轿车的调节器。

2）按安装方式划分

①外装式：与硅整流发电机分开安装的调节器，如 JFT106 型调节器。

②内装式：安装在硅整流发电机内部的调节器，一般为集成电路调节器，如北京切诺基、上海桑塔纳、南京依维柯、天津夏利等车的调节器。

3）按搭铁形式划分

①内搭铁式：与内搭铁型硅整流发电机配套工作的电子调节器，如 JFT126A 型调节器。

②外搭铁式：与外搭铁型硅整流发电机配套工作的电子调节器，如 JFT106 型调节器。

4）按功能的多少划分

①单功能型：仅有调节电压功能的调节器，如 JFT106 型调节器。

②多功能型：除具有调节电压的功能外，还具有充电指示灯控制功能（如天津夏利轿车的 ICR1761W 型调节器）或带有过压控制器的调节器等。

随着汽车电子技术的迅速发展，现代汽车已广泛使用硅整流发电机和集成电路调节器装在一起的整体式硅整流发电机。

电子式电压调节器利用三极管的开关特性，在发电机转速变化时，通过改变励磁绕组电路的接通和断开的时间比来调节励磁电路的平均电流。各种电子式电压调节器的工作原理基本相同，如图 7-10 所示。电压调节器内的最末级三极管和励磁绕组串联，当发电机输出电压超过允许电压时，末级三极管截止，励磁绕组断电；当发电机输出电压降到允许值以下时，末级三极管导通，励磁绕组通电。这样就保证了发电机输出电压的稳定。

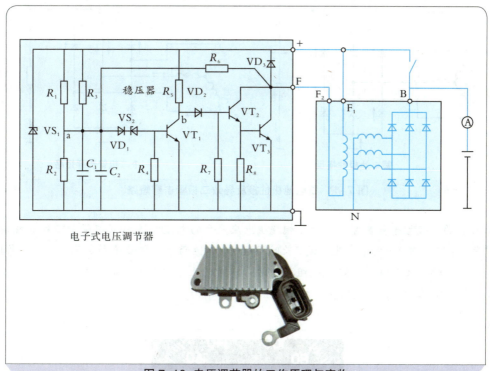

图 7-10 电压调节器的工作原理与实物

电压调节器一般有三个接线柱:"B"(或"+"、火线、电枢)接线柱、"E"(或"-"、接地)接线柱、"F"(或磁场)接线柱。

(6)硅整流发电机及调节器的使用注意事项

若能正确使用硅整流发电机及调节器,则不但能减少故障,而且能延长其使用寿命。但若使用不当,则很快就会损坏。发电机及调节器使用注意事项如下:

①硅整流发电机均为负极搭铁,蓄电池搭铁极性必须与此相同;否则,二极管因承受正向电压而导通,蓄电池将通过硅二极管放电,强大的电流通过二极管时会立即将其烧坏,如图 7-11 所示。

②发电机运转时,不要用试火花的方法检查发电机是否发电,否则易损坏二极管。

③发电机不发电或充电电流很小(蓄电池未充足电的情况下)时,应及时找出故障并加以排除,不可再继续运转,如图 7-12 所示。因为如果有一个二极管短路,发电机就不能发电,继续运转就会引起其他二极管或定子绕组被烧坏。由于二极管击穿短路后,正反向均呈导通状

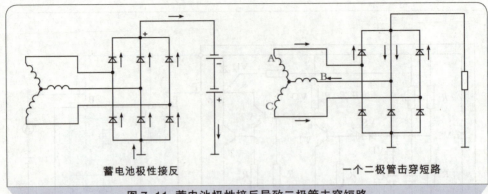

图 7-11 蓄电池极性接反导致二极管击穿短路

态，如 B 相的正极管子被击穿短路，A 相绕组感应产生的电流经 A 相正极管子回到 B 相绕组而不经过负载，造成内部短路，产生环流，长时间运转，其他两个正极管子和定子绕组就容易烧坏。

④整流器的 6 只二极管与定子绕组相连时，绝对禁止用兆欧表（摇表）或 220 V 交流电源检查发电机的绝缘情况，否则将使二极管被击穿而损坏。

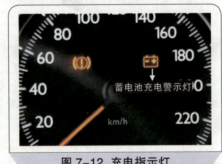

图 7-12 充电指示灯

⑤发动机停转后，应及时断开点火开关；否则蓄电池长时间由磁场绕组和调节器磁化线圈放电，易将线圈烧坏。

⑥发电机与蓄电池之间的导线要连接可靠，如突然断开，将会产生过电压，易损坏二极管等。

⑦发电机应与专用调节器配套工作（内搭铁发电机用内搭铁调节器，外搭铁发电机用外搭铁调节器）。

⑧诊断充电系统是否有故障时，不允许在中速或更高转速下短路调节器，以防止发电机无故障时因电压过高而击穿整流二极管。

2. 起动机的构造与原理

（1）结构

起动系统的核心——起动机是直流串激式电动机，其功用是在直流电的作用下产生电磁转矩。

起动机主要由机壳、磁极、电枢、换向器及电刷等组成，如图7-13所示。

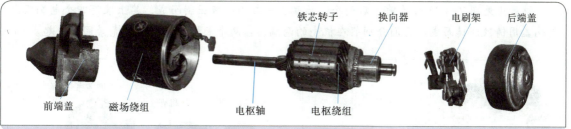

图7-13 起动机的结构

1）磁极

磁极的作用是产生磁场，由铁芯和磁场绕组组成。铁芯用螺钉固定在壳体的内壁上，其上套有磁场绕组。磁极一般有四个（两对），四个磁场绕组的连接方法有两种，如图7-14所示。一种是四个绕组相互串联，如图7-14（a）所示；另一种是两串两并，即先将两个串联后再并联，如图7-14（b）所示。

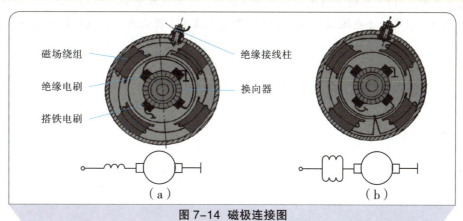

图7-14 磁极连接图

（a）四个绕组相互串联；（b）两串两并

2）电枢

电枢（见图7-15）是产生电磁转矩的核心部件，主要由电枢轴、电枢铁芯、电枢绕组和换向器组成。铁芯由许多相互绝缘的硅钢片叠装而成，其圆周表面上有槽，用来安放电枢绕组。

图7-15 电枢

3）电刷与电刷架

电刷与电刷架（见图7-16）的作用是将电流引入电动机。电刷装在电刷架中，借弹簧压力将它压紧在换向器上，电刷弹簧的压力一般为11.7～14.7 N。

4)端盖

端盖(见图7-17)分为前、后两个。后端盖一般用钢板压制而成,其上装有四个电刷架,前端盖用铸铁浇铸而成。它们分别装在机壳的两端,靠两个长螺栓与起动机壳紧固在一起。

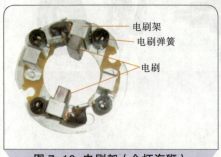

图 7-16 电刷架(金杯海狮)

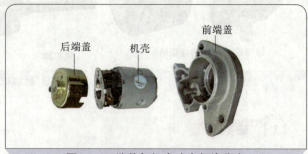

图 7-17 端盖与机壳(金杯海狮)

5)机壳

机壳(见图7-17)用钢管制成,一端开有窗口,作为观察电刷和换向器之用,平时用防尘箍盖住。机壳上只有一个电流输入接线柱(与外壳绝缘),并在内部与磁场绕组的一端相接。

任务二 汽车车身附属电器

一、汽车照明系统

照明设备主要用于夜晚照明道路，标示车辆宽度，照明车厢内部、仪表及夜间检修等。照明系统由电源、照明装置及其控制部分等组成。控制部分包括各种灯光开关、继电器等。

照明装置包括车外照明装置、车内照明装置、工作照明装置。

①车外照明装置包括：前照灯、雾灯、倒车灯、牌照灯等。

②车内照明装置包括：仪表灯、顶灯、阅读灯等。

③工作照明装置包括：行李箱灯、发动机罩灯等。

认识照明系统以及信号装置

1. 前照灯

前照灯主要用于夜间行车时道路照明，灯光为白色，包括远光灯和近光灯两种。

（1）远光灯

远光灯用于保证车前道路 100 m 以上明亮而均匀的照明，功率一般为 50～60 W。

（2）近光灯

近光灯在会车和市区内使用，避免来车时使驾驶员炫目，又保证车前 50 m 的路面照明，功率一般为 30～55 W。近光灯有两灯制和四灯制两种配置方法，桑塔纳轿车采用两灯制。

前照灯的光学组件由灯泡、反射镜、配光镜三部分组成，其实物如图 7-18 所示。灯泡有单灯丝和双灯丝两种。对于双灯丝灯泡，其远光灯丝装于抛物面的焦点上，灯光经反射镜聚合，光度增强几百倍，使车前 100～150 m 处的路段照得足够清楚。近光灯丝位于焦点的上方或前方，灯光经反射后射向路面，照亮车前 50 m 的路面。为不使射出光束过窄，前照灯前部装有配光镜，它是透镜和棱镜的组合体，可使光线折射向较宽的路面。

图 7-18 组合前照灯

为保障夜间会车安全，汽车前照灯必须具有良好的防炫目措施，先进轿车要有更严格的防炫目措施。国产汽车防炫目措施如下：

①采用远、近光束变换：由于近光灯丝装于反射镜焦点的上方，其光线经反射后绝大部分投向路面，所以在夜间会车时，使用近光灯具有一定的防止炫目的作用。

②在近光灯丝下方设配光屏：用配光屏挡住近光灯丝射向反射镜下半部的光线，从而消除近光灯光束向斜上方照射的部分，使防炫目效果得到进一步改善。

③采用非对称近光光形：配光屏安装时偏转一定的角度，使近光的光形分布不对称，不仅可以防止驾驶员炫目，还可以防止迎面而来的行人炫目，并且照亮同方向的人行道路，更加保证了汽车行驶的安全。

2. 雾灯

雾灯采用黄色灯泡，其穿透性好，雾天用来照明道路并发出警示。桑塔纳轿车设有前雾灯和后雾灯，前雾灯左右各一个，规格为 12 V/55 W；后雾灯只有一个，安装在左后方，规格为 12 V/21 W。雾灯由车灯开关和雾灯开关控制，如图 7-19 所示。

3. 小灯、尾灯、停车灯

桑塔纳轿车的小灯与尾灯兼作停车灯使用，当汽车停驶时，用作停车灯；当汽车行驶时，用作小灯和尾灯。小灯和尾灯受点火开关、车灯开关和停车开关控制，如图 7-20 所示。

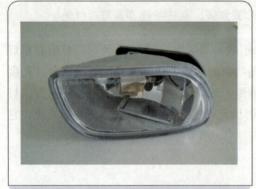

图 7-19 前雾灯

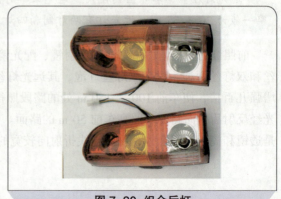

图 7-20 组合后灯

4. 牌照灯

牌照灯装在汽车尾部,用以照明牌照,并作为汽车尾部的灯光标志。桑塔纳轿车的牌照灯有两只,受车灯开关控制。

5. 行李箱灯

行李箱灯在夜间行李箱门打开时照亮行李箱,桑塔纳轿车的行李箱灯由车灯开关和行李箱灯门控开关共同控制。

6. 顶灯

顶灯装于驾驶室顶部,照明驾驶室,有的车辆顶灯还具有门灯的作用,当车门关闭不严时灯亮,以提醒驾驶员。桑塔纳轿车的顶灯由顶灯开关和门控开关共同控制。

7. 倒车灯与制动灯

倒车灯供倒车时车后照明用,并起到信号灯的作用。倒车灯一般由装在变速器上的倒挡开关控制。

制动灯在驾驶员踩下制动踏板时发光,以示汽车制动,它由制动灯开关控制。为避免尾随大型车对轿车碰撞的危险,有些轿车后窗内装上由发光二极管成排显示的高位制动灯。

8. 其他照明灯

桑塔纳轿车上有点烟器照明灯、雾灯开关照明灯、后风窗除霜器开关照明灯、空调开关照明灯、时钟照明灯、仪表盘照明灯等,用以辅助照明,它们均受车灯开关控制。

9. 车灯开关

车灯开关用来控制前照灯、雾灯、仪表灯、顶灯等电路。常见的灯开关有拉杆式、摇转式、组合式三种。在桑塔纳轿车的转向柱上装有一套,包括点火开关、前风窗刮水及清洗开关、转向灯开关及变光开关的组合开关,组合开关结构如图 7-21 所示。

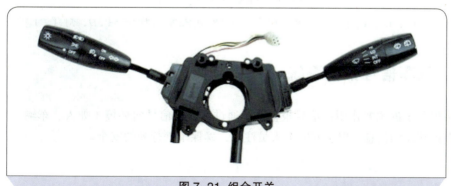

图 7-21 组合开关

10. 自动灯光系统控制装置

典型的汽车自动灯光系统主要由感光器（即传感器）、电子控制器（简称控制器）和控制开关三大部分组成，这些装置在车上的布置如图7-22所示。

感光器装在仪表板顶上，光束透过挡风玻璃进入。感光器内有 Cds_1（黄昏用）、Cds_2（夜间用）、Cds_3（变光用）三个光敏电阻（光弱电阻大），随着感光强度的不断减小，光敏电阻的电阻值不断增大。控制器装在仪表板内，里面有 L_1、L_2、L_3 三个继电器及晶体管

图7-22 自动灯光系统在车上的布置

放大电路，控制各灯光电路的工作。选择开关装在仪表板上，处在手动位置时指示灯亮，按下开关至自动控制位置时指示灯熄灭，表示自动灯光系统处于工作状态。选择开关下方有调整钮，可用来调节灵敏度。自动灯光控制电路如图7-23所示。

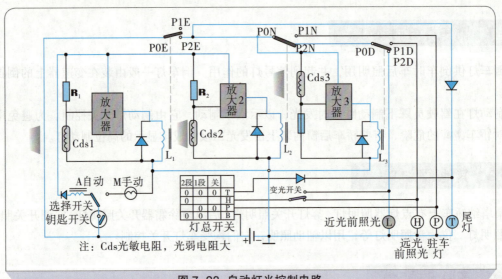

图7-23 自动灯光控制电路

自动控制灯亮状态如下：

①白天时：L_1、L_2、L_3 不通电，P0E→P1E、P0N→P1N、P0D→P1D，灯全不亮。

②黄昏时：L_1 通电，P0E→P2E，灯 T、P 亮。

③夜晚时：L_1、L_2 通电，P0E→P2E、P0N→P2N，灯 T、H 亮。

④会车时：L_1、L_2、L_3 通电，P0E→P2E、P0N→P2N、P0D→P2D，灯 T、L 亮。

二、汽车信号报警系统

信号报警系统的主要作用：信号报警系统通过声、光信号向环境（如人、车辆）发出有关车辆运行状况或状态的信息，以引起有关人员注意，确保车辆行驶的安全。

1. 电喇叭和喇叭继电器

在中、小型汽车上，多采用螺旋形和盆形电喇叭。盆形电喇叭具有体积小、质量轻、噪声小等优点。桑塔纳系列轿车采用盆形电喇叭，有高音喇叭、低音喇叭各一个，并同步工作。

（1）盆形电喇叭的结构特点

电磁铁采用螺管式结构，铁芯上绕有励磁线圈，由于上、下铁芯间的气隙在线圈中间，所以能产生较大的吸力。它无扬声筒，而是将上铁芯、膜片和共鸣板装在中心轴上。当电路接通时，励磁线圈产生吸力，上铁芯被吸下与下铁芯撞击，产生较低的基本频率，并激励膜片及与膜片连成一体的共鸣板产生共鸣，从而发出比基本频率强得多且分布又比较集中的谐音，如图7-24所示。

（2）双音喇叭继电器的结构特点

如图7-25所示，按下转向盘上喇叭按钮时，蓄电池便经喇叭继电器线圈形成小电流，使继电器铁芯产生电磁吸力，将继电器触点闭合，就接通了双音电喇叭，喇叭发音。松开转向盘喇叭按钮时，继电器线圈断电，铁芯电磁吸力消失，触点在自身弹力作用下张开，切断了电喇叭电路，电喇叭停止发音。

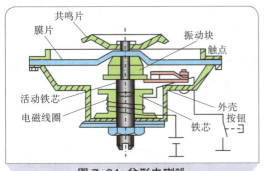

图7-24 盆形电喇叭

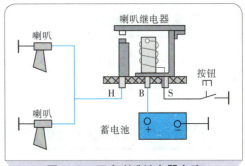

图7-25 双音喇叭继电器电路

双音喇叭继电器的作用：双音喇叭继电器利用铁芯线圈的小电流控制触点的大电流，从而保护转向盘按钮触点。有些汽车为提高可靠性，双音盆形喇叭也采用了继电器控制电路。

2. 转向信号装置

转向信号装置是由转向信号灯、闪光继电器等组成的。

（1）转向信号灯

转向信号灯用以显示行驶方向。前、后转向灯各两个，前转向灯为橙色，后转向灯为橙色或红色，驾驶室内还有两个转向信号指示灯。转向信号灯的闪光频率应控制在50～110次/min，一般为60～95次/min。转向信号灯由转向开关控制。

（2）闪光继电器

闪光继电器，用来控制转向信号灯的闪烁。常见闪光继电器有电容式、翼片式、晶体管式三类。由于翼片式、晶体管式结构简单、体积小、闪光频率稳定、监控作用明显、工作时伴有响声，故被广泛使用。

图 7-26 闪光继电器实物和常见闪光继电器类型
(a) 翼片式； (b) 电容式； (c) 晶体管式

3. 制动信号装置

制动信号装置主要由制动信号灯、制动开关和制动安全报警装置组成。

（1）制动信号灯

制动信号灯大多与后灯合为一体，用双丝灯泡或两个单丝灯泡制成，功率小的灯泡在下部，作为车后的红光标志，并照明牌照，功率大的为制动信号灯。

（2）制动信号灯线路断路警告装置

线路断路警告装置的结构原理：线路断路警告装置如图 7-27 所示。在正常情况下，左、右电磁线圈产生磁力互相抵消，笛簧接触点在自身弹力作用下断开触点。如左、右某一制动灯灯线断路，制动时只有左、右电磁线圈之一产生磁力，吸动笛簧接点闭合，警告灯亮，以示警告。

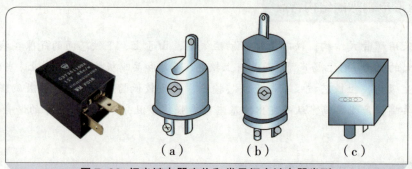

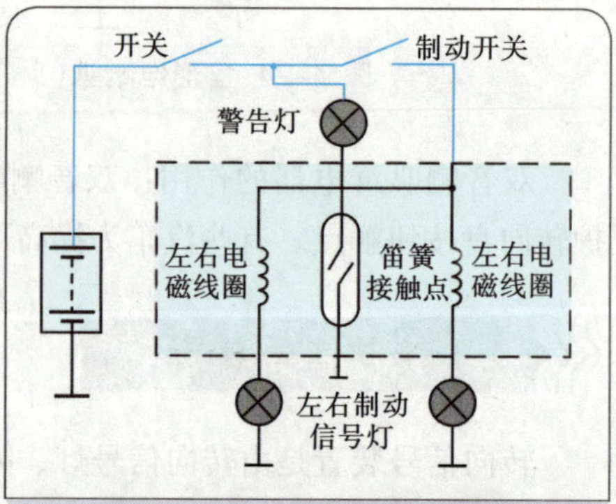

图 7-27 线路断路警告装置

（3）驻车制动报警装置

驻车制动报警装置用以提醒驾驶员停车时，不要忘记拉紧驻车制动器，以免发生溜车事故，当储气筒气压过低时，不应松开驻车制动起步。驻车制动报警装置由警报灯与警报开关组成。警报灯装于仪表板上，警报开关装在驻车制动操纵支架上。驻车制动警报开关如图 7-28 所示。

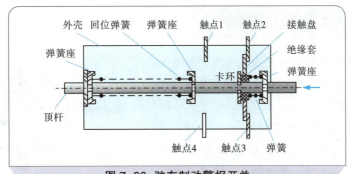

图 7-28 驻车制动警报开关

当拉紧驻车制动器时,驻车制动操纵杆推动警报开关顶杆沿箭头方向做轴向运动,使接触盘与触点 1、4 接触,使警报灯回路被接通,若此时点火开关处于 I 挡位置,则警报灯亮。

当放松驻车制动操纵杆后,警报开关接触盘在回位弹簧作用下连同顶杆一起回位,触点 1 与触点 4 断路,而触点 2 与触点 3 被接触盘接通,于是警报灯熄灭,警报蜂鸣器电源电路被接通。若此时气压过低,气压警报开关则处于闭合状态,又接通了蜂鸣器的回路,导致蜂鸣器鸣叫。当气压升高时,气压警报开关断开,切断了蜂鸣器的接铁回路,蜂鸣器停止鸣叫。

4. 倒车灯与倒车蜂鸣器

倒车时,倒车灯闪烁,倒车报警鸣叫,以提醒车后车辆和行人。倒车时,倒挡拨叉轴的凹槽对准倒车开关的钢球,使开关闭合,电路接通。

电流由蓄电池到倒车开关,之后分为两路:一路经倒车灯搭铁,使倒车灯亮;另一路经蜂鸣器的触点开关(常闭),又分成两条支路,一路经喇叭搭铁而发出倒车响声,另一路流向线圈。倒车报警电路如图 7-29 所示。

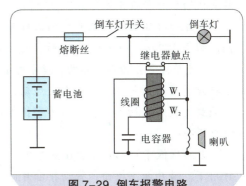

图 7-29 倒车报警电路

倒车报警电路的工作过程:开始通过线圈 W1 和 W2 的电流大小相等、方向相反,产生的磁通相互抵消,对触点开关没有吸力。随着电容的充电,两端电压逐渐增高,使流入线圈 W2 的电流逐渐减少。当线圈 W1 比线圈 W2 的磁通量大到足以吸开触点开关时,触点开关打开,切断蜂鸣器电流,响声停止。与此同时,电容开始放电,放电电流经线圈并产生相同方向的磁通,继续吸引触点开关,使之处于分开状态。放电终了时,两个线圈磁力全部消失,触点开关在自身弹力作用下又重新闭合,蜂鸣器又接通,喇叭发出响声,电容又开始充电。如此反复,触点开关不断开闭,蜂鸣器不断发出断续的响声。

5. 机油压力报警装置

机油压力报警装置以警报灯形式出现。常见报警装置有弹簧管式和膜片式两种。

（1）弹簧管式机油压力报警装置

弹簧管式机油压力报警装置由装在发动机主油道上的弹簧管式传感器和仪表板上的红色警报灯组成，如图7-30所示。

弹簧管式机油压力报警装置的工作原理：当油压低于0.05～0.09 MPa时，管型弹簧变形较小，触点闭合，电路接通，警报灯亮。当油压超过0.05～0.09 MPa时，管型弹簧变形大，使触点分开，电路断开，警报灯熄灭，机油压力正常。

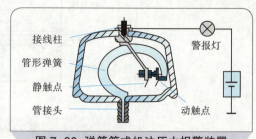

图7-30 弹簧管式机油压力报警装置

（2）膜片式机油压力报警装置

膜片式机油压力报警装置主要由膜片式油压开关和警报灯组成。警报灯安装在驾驶室的仪表板上，油压开关则安装在发动机的主油道上。膜片式机油压力警报开关如图7-31所示。

膜片式机油压力警报开关的工作原理：当机油压力高于0.069±0.020 MPa时，膜片在油压作用下，克服弹簧张力向上拱曲，膜片与接触片（二者与弹簧座铆为一体）一起向上运动，接触片与外壳脱离接触，切断了机油压力警报灯回路，警报灯不亮。

当油压低于0.069±0.020 MPa时，在弹簧力作用下，膜片向下拱曲，带动接触片向下运动与外壳接触，于是接通了警报灯的回路，警报灯亮。

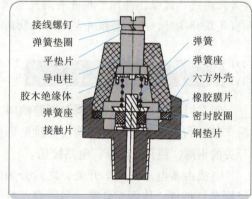

图7-31 膜片式油压警报开关

6. 机油滤清器堵塞报警装置

机油滤清器堵塞报警装置由警报开关和警报灯组成，如图7-32所示。警报开关装于机油滤清器顶部，警报灯装于仪表板上。

机油滤清器堵塞报警装置的工作原理：警报开关与滤清器为并联油路，当滤芯清洁，阻力小于0.147 MPa时，机油泵输出的机油全部通过滤清器滤芯送到润滑机件，警报开关球阀承受较小油压，在弹簧力作用下闭合，常式触点处于张开状态，警报灯电路不通，灯不亮。

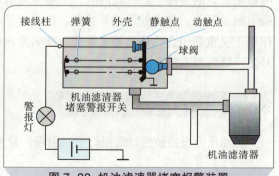

图7-32 机油滤清器堵塞报警装置

当机油滤清器滤芯堵塞，阻力增大至 0.147 MPa 时，球阀处油压上升，大于弹簧张力，球阀开启，机油警报开关流向各润滑机体。同时球阀推动触点向左运动，接触固定触点，警报开关闭合，警报灯亮，提醒驾驶员维护或更换机油滤芯。

7. 水温报警装置

水温报警装置的基本结构如图 7-33 所示，它由传感器和警报灯组成。

当温度升高到 95 ℃ ~ 98 ℃ 时，双金属片向静触点方向弯曲，使两触点接触，红色警报灯亮，以引起驾驶员注意。

8. 燃油存油报警装置

热敏电阻式燃油存油报警装置如图 7-34 所示，它由热敏电阻传感器和警报灯组成。

当油箱油量多时，负温度系数的热敏电阻元件被浸没在油中，温度低，阻值大，电流小，警报灯熄灭。当油量减少到规定值以下时，热敏电阻元件露出油面，散热慢，阻值减小，电流增大，警报灯亮，以提醒驾驶员及时加注燃油。

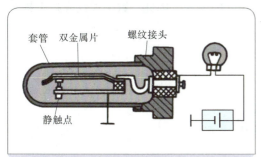

图 7-33 水温报警装置的基本结构

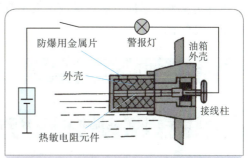

图 7-34 热敏电阻式燃油存油报警装置

三、汽车仪表系

汽车常用的仪表有电流表或电压表、机油压力表、水温表、燃油表、转速表和车速里程表等。不同汽车装用的仪表个数及结构类型有所不同，桑塔纳 2000 型轿车仪表板如图 7-35 所示。汽车仪表的工作原理与用途如表 7-1 所示。

图 7-35 桑塔纳 2000 型轿车仪表板

表 7-1 汽车仪表的工作原理与用途

仪表名称	工作原理	用途
电流表	被测电流改变时，依次引起流经指示仪表的电流及其与永久磁铁所形成的合成磁场发生变化，使指针指示出电流的大小	指示蓄电池充电和放电的电流度，监视电气系统的工作状况
燃油表	浮子随油面高低改变位置时，依次引起串入电路中的电阻、流经指示仪表的电流和作用于指示针轴感应片（转子）的磁场发生变化，使指针指示出油箱的储油量	指示燃油箱中的储油量
水温表	传感器所产生的脉冲电流随冷却水温的不同而改变时，依次引起流经指示仪表的电流和双金属片的曲率发生变化，使指针指示出水的温度值	指示发动机冷却水的工作温度
油压表	当传感器所产生的脉冲电流随机油压力的不同而改变时，依次引起流经指示仪表的电流和双金属片的曲率发生变化，使指针指示出机油的压力值	指示发动机润滑系统的工作压力
车速里程表	当磁铁转速随车速的不同而改变时，依次引起速度盘感生涡流电流、磁铁带动速度盘旋转的电磁力矩以及电磁力矩与游丝反力矩之间的平衡点发生改变，使指针指示出行驶速度值；同时，计数机构累计出行驶里程	指示汽车的行驶程度，累计行驶里程

随着其电气设备不断增加，电气系统也变得越来越复杂，特别是在汽车上应用电子技术之后，常规指针式仪表已远远不能满足现代汽车新技术、高速度的要求。因此，数字式仪表越来越多地被应用到汽车上。

1. 汽车仪表电子化的优点

（1）数字式仪表能提供大量、复杂的信息

为适应汽车排气净化、节能、安全性和舒适性的要求，汽车电子控制装置必须能迅速、准确地处理各种复杂的信息，并以数字、文字或图形显示出来，供汽车驾驶员了解，并及时处理。数字式仪表作为信息终端显示已经是大势所趋。

（2）数字式仪表能满足小型、轻量化的要求

为了能使有限的驾驶室空间尽可能地宽敞些，用于汽车的各种仪表及部件都必须小型、轻量化。数字式仪表不仅能适应各种传感器或控制系统的电子化，而且可实现小型轻薄化，这样既能加大汽车仪表台附近的宝贵空间，还能处理日益增多的信息。

（3）数字式仪表显示图形设计的自由度高

汽车仪表盘造型美观与否对一辆汽车来说非常重要。推出最流行的仪表盘新款式，选用构型设计自由度特别高的电子显示器件则是实现汽车现代化的需要。

（4）数字式仪表具有高精度和高可靠性

由于实现汽车仪表电子化，可为操纵者（或使用者）提供高精度的数据信息，也可免除机电式仪表中的那些可动部分，所以改善并提高了仪表的可靠性。

（5）数字式仪表具有一"表"多用的功能

采用数字式仪表显示易于用一组显示器进行分时显示，并可同时显示几个信息，不必对每个信息都设置一个指示表，故使组合仪表得以简化。

2.汽车常用电子显示器件

电子显示器件大致分为两大类，即发光型和非发光型。

（1）发光型显示器件

发光型显示器件有发光二极管（LED）、真空荧光管（VFD）、阴极射线管（CRT）、等离子显示器件（PDP）和电子发光显示器件（ELD）等几种。

（2）非发光型显示器件

非发光型显示器件有液晶显示器件（LCD）和电子变色显示器件（ECD）等。这些均可作为汽车电子显示器件使用。

任务三　汽车电动辅助装置

刮水器概述

一、电动刮水器

刮水器的功用：刮水器用以清扫风窗玻璃上的雨水、雪或尘土，以确保驾驶员有良好的视线。

刮水器有气压式、电动式等多种，但多数采用电动式。电动式刮水器是由刮水电动机和一套传动机构组成的，如图7-36所示。电动机旋转，带动蜗杆蜗轮减速机构，使与蜗轮轴相连的摇臂带着两侧拉杆做往复运动，拉杆则通过摆杆带着左、右雨刷架做往复摆动，并通过安装在雨刷架上的橡皮雨刷刷去风窗玻璃上的雨水、雪和灰尘。

刮水电动机按其磁场结构来分，有线绕式和永磁式两种。后者具有体积小、质量轻、构造简单等优点，因此目前在国内外汽车上被广泛采用。刮水电动机一般有高、低两种工作速度。

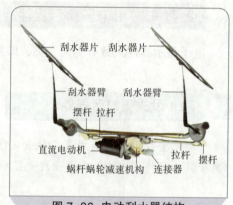

图7-36　电动刮水器结构

1. 电动刮水器的自动复位装置

电动刮水器的自动复位装置是指刮水器橡皮雨刷在任何位置切断电动刮水器开关时，刮水器的橡皮雨刷都能自动停止在风窗玻璃的下部而不影响驾驶员的视线。永磁式电动刮水器自动复位装置的结构如图7-37所示。

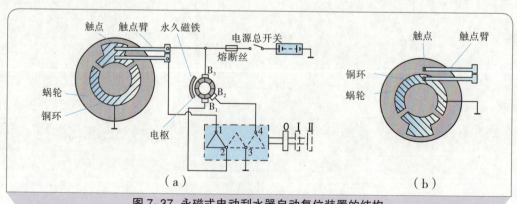

图7-37　永磁式电动刮水器自动复位装置的结构

(a)总体图；(b)局部图

在直流电动机减速器的蜗轮（由尼龙制成）上嵌有铜环。此铜环分两个部分，其中面积较大的一片铜环与电动机外壳相连接（搭铁）。触点臂用磷铜片或其他弹性材料制成，其一端铆有触点。由于触点臂具有弹性，因此当蜗轮转动时，触点与蜗轮的端面（包括铜环）保持接触。当电源接通，把刮水器开关拉到"Ⅰ"挡（低速）时，电流从蓄电池正极出发经电源总开关、熔断丝、电刷、电枢绕组、低速电刷、接线柱接触片、接线柱搭铁形成回路，电动机以低速运转。当刮水器开关拉到"Ⅱ"挡（高速）时，电流从蓄电池正极出发经电源总开关、熔断丝、电刷 B_3、电枢绕组、高速电刷 B_2、接线柱、接触片、接线柱3搭铁形成回路，电动机以高速运转。当刮水器开关推到"O"挡（停止）时，如果刮水器的橡皮雨刷没有停到规定的位置，由于触点与铜环接通，如图7-37（b）所示，则电流继续流入电枢。此时电流从蓄电池正极经电源总开关、熔断丝、电刷 B_3、电枢、电刷 B_1、接线柱、接触片、接线柱、触点臂、触点、铜环搭铁形成回路，电动机以低速运转直至蜗轮旋转到如图7-37（a）所示的"特定位置"。触点和触点过铜环"接通"，由于电枢转动时的惯性，电动机不能立即停下来，因而电动机以发电机运行而发电。因为电枢绕组所产生的反电动势的方向与外加电压的方向相反，所以电流从电刷 B_3、触点臂、触点、铜环、触点、触点臂、接线柱、接触片、接线柱、电刷 B_1 形成回路，产生制动扭矩，电机迅速停止转动，使橡皮雨刷复位到风窗玻璃的下部。

2. 间歇式电动刮水器

汽车在毛毛细雨或雾天中行驶时，如用刮水器按一般速度进行刮拭，风窗玻璃上的微量水分和灰尘就会形成一个发黏的表面，因此不仅不能将风窗玻璃刮拭干净，相反会使玻璃模糊不清，留下污斑，影响驾驶员的视线。间歇式电动刮水器能使刮水器按一定周期停止和刮拭，即每动作一次停止3～6 s，这样可使驾驶员获得更好的视野。

刮水系统的间歇功能主要靠间歇控制器来实现。图7-38所示为奥迪100型间歇式轿车刮水系统电路原理图，由间歇控制器、刮水器开关、洗涤电动机、刮水电动机等组成。其刮洗时间为2～4 s，间歇时间为4～6 s。

间歇式刮水系统的工作原理：当刮水器开关置于间歇挡（Ⅰ挡）时，电源便经熔断丝、刮水器开关53a端、刮水器开关内部Ⅰ挡接入间歇控制器的"Ⅰ"端，电容 C_1 被充电。C_1 的充电电路为：蓄电池正极、熔断丝、刮水器开关、Ⅰ挡、间歇控制器"Ⅰ"端、R_9、R_2、C_1、VD_2、三极管 VT_1 的基极、发射极、搭铁。此时C点的电位为1.6 V，B点的电位为5.6 V，C_1 两端有4 V的电位差。C_1 充电时，其充电电流为三极管提供偏流，使三极管导通，接通了继电器线圈的电路，继电器的常开触点 K_1 闭合、K_2 打开，电流经 K_1、53e、开关内的"Ⅰ"挡、53端进入刮水电动机的电枢，使刮水电动机慢速旋转，刮水器开始工作。

当橡皮雨刷往返一次又回到风窗玻璃最下位置时，刮水电动机也旋转至自动复位时，K_3、K_4 接通，使31b端搭铁，为 C_1 的放电提供了通路。C_1 放电回路有两条：一路经 R_2、R_1 放电；另一路经 VD_3、R_6、31b、电动机自动复位触点 K_3、K_4 搭铁、稳压管 VD_4、R_1 放电。放电瞬间B点电压突然降到2.8 V，由于 C_1 原有4 V电位差，使C点电位降为-1.2 V，三极管 VT_1 的基极电位翻转为低电平，于是三极管截止，切断了继电器线圈的电路，则其常开触点 K_1 又断开，常闭触点 K_2 又闭合，恢复到自然状态时31b与53e接通，将电阻 R_5、R_6 并联，加速 C_1 放电，为 C_1 的再充电做准备。随着 C_1 放电时间的增加，C点电位逐渐升高，当C点电位接近2 V时，三极管又导通，C_1 又恢复为充电状态。

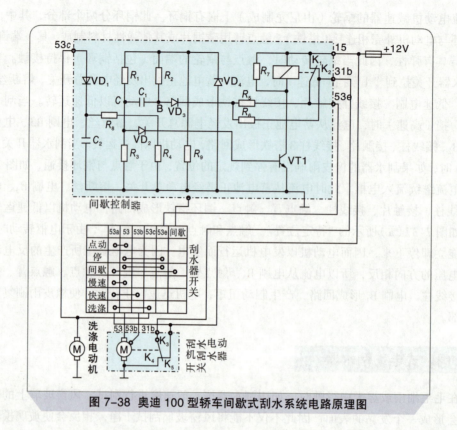

图 7-38 奥迪 100 型轿车间歇式刮水系统电路原理图

可见，只要刮水器开关置于间歇挡，电源便接入间歇控制器的"Ⅰ"端，C_1 就会不间断地充、放电，三极管就会导通、截止反复翻转，使继电器反复接通与断开，如此形成了间歇刮水的工作状态。

二、风窗玻璃洗涤器

为了及时消除风窗玻璃上的尘土和污物，使驾驶员有良好的视线，汽车上还装有风窗玻璃洗涤器。图 7-39 所示为桑塔纳轿车的风窗玻璃洗涤器结构，由储液箱、洗涤泵、输液软管与喷嘴等组成。

风窗玻璃洗涤器的结构原理：储液箱由塑料制成，其内装有洗涤液。洗涤泵由一只微型永磁直流电动机和离心泵组成。该电动机是封闭式、短时定额工作的高速电动机，空载转速为 20 000 r/min。当风窗玻璃上有灰尘或污物时，先开动洗涤泵，将洗涤液以一定压力（88 kPa）经喷嘴喷到刮片的上部，湿润玻璃，然后再开动刮水器，将风窗玻璃上的灰尘或污物刮掉。

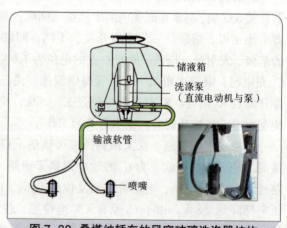

图 7-39 桑塔纳轿车的风窗玻璃洗涤器结构

使用洗涤器时，应注意先开动洗涤泵，后开动刮水器，并注意洗涤泵连续工作的时间不得大于 5 s，使用间歇时间不得少于 10 s。无洗涤液时，不要开动洗涤泵。

后窗玻璃常利用电热丝加热的方法来除霜，如图 7-40 所示。在后窗玻璃的内表面上镀有数条导电膜，形成电热丝，通电加热即可防止结霜。这种装置的耗电量为 30～50 W。

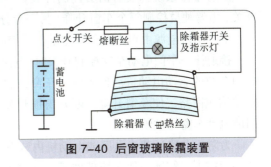

图 7-40 后窗玻璃除霜装置

三、电动车窗

1. 电动车窗的构造

电动车窗系统是由车窗、车窗升降器、电动机和开关等装置组成的。

电动车窗最主要的构件是车窗升降器，目前使用的有电动钢丝绳式玻璃升降器、电动齿轮式玻璃升降器和电动交叉臂式玻璃升降器等几种，其结构分别如图 7-41、图 7-42、图 7-43 所示。

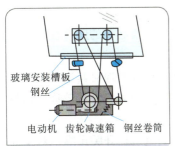

图 7-41 电动钢丝绳式玻璃升降器示意图

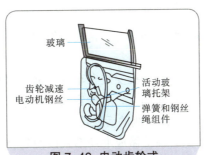

图 7-42 电动齿轮式玻璃升降器示意图

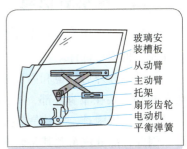

图 7-43 电动交叉臂式玻璃升降器示意图

电动车窗的驱动装置由永磁双向电动机和蜗轮蜗杆减速器组成，现在汽车的每个车窗都装有一个电动机，通过开关控制它的电流方向，使车窗升或降。

2. 电动车窗防夹装置

电动车窗防夹装置的工作原理是探测装置发现有障碍物时，电子控制系统可以令升降电动机反向旋转。可控防夹车窗升降电动机如图 7-44 所示。

防夹车窗升降电机的功用：带有防夹紧装置的电动车窗升降系统，在关闭汽车侧面的车窗玻璃时，如果发现有障碍物，例如小孩或成人的手、手指头、手臂、头部，其他人身部位或其他物件，以致有被夹紧而受到伤损的可能时，"防夹紧装置"能够产生自动保护作用，使正在运动（向下）的车窗玻璃向反方向做运动（上升），从而使车窗保持在开启状态，免除了

图 7-44 可控防夹车窗升降电动机

夹紧伤损事故。

3. 电动车窗的控制

所有车窗系统都装有两套控制开关。一套装在驾驶员侧门中部或变速器换挡杆的后部，为总开关，由驾驶员控制每个车窗升降。另一套分别装在每个车窗中部，为分开关，可由乘客进行操纵。

电动车窗电源由点火开关和主继电器控制。

接通任一车门电动车窗控制开关时，电流经易熔线、断路器、主继电器触点、电动车窗控制开关、电动车窗的驱动电动机后回到电动车窗控制开关，通过总开关上相应的窗控制开关以及窗锁开关搭铁构成回路，使车窗升降。断开窗锁开关后，除驾驶员侧车门电动车窗能控制外，其余三个车门的电动车窗均被锁止。

为防止电路过载，电路或电动机内装有一个或多个热敏断路开关，用来控制电流。当车窗完全关闭或由于结冰而使车窗玻璃不能自由运动时，即使操纵的开关没有断开，热敏开关也会自动断路。

有的车上还专门装有一个延时开关，在点火开关断开以后约 10 min 内，或在车门打开以前，仍有电流供应，使驾驶员和乘客有时间关闭车窗及操纵其他辅助设备。

四、电动后视镜

后视镜的作用：反映车辆后方、侧方和下方的情况，使驾驶员能够看清必要的间接视界，是汽车重要的安全部件。

后视镜分外后视镜和内后视镜：内后视镜安装在车身内部，驾驶员可方便地对其进行调节；外后视镜安装在车身外部，有的安装在车门上，有的安装在前翼子板上，距离驾驶员较远，调整它的位置比较困难，尤其是前排乘客车门一侧的后视镜。

因此，部分汽车尤其是轿车都把后视镜做成电动形式以便驾驶员通过遥控开关操纵，对镜面的角度进行上下、左右调节，调节范围为 20°～30°，如图 7-45 所示。

1. 电动后视镜总成

轿车电动后视镜总成通常由活动镜片和镜片后的驱动机构组成，驱动机构包括永磁双向微型电动机、减速齿轮、离合器等。每个电动后视镜的背后都装有两套电动机驱动机构，可操纵其上下及左右运动。通常，垂直方向的运动由一个电动机控制，水平方向的倾斜运动由另一个电动机操纵。

图 7-45 轿车电动后视镜操纵开关

2. 电动后视镜控制电路

图 7-46 所示为雅阁轿车电动后视镜控制电路及其控制开关。控制开关由左、右电动后视镜选择开关和调节开关组成，选择开关通过电路的切换选择所调节的是左侧还是右侧电动后视镜。

调节开关具有上、下、左、右 4 个位置，通过电动后视镜内的两个永磁双向微型电动机来调节后视镜片做垂直或水平方向的摆动使其达到理想的位置。有的电动后视镜还具有电动折合、镜面加热除霜、驾驶姿势存储等功能。

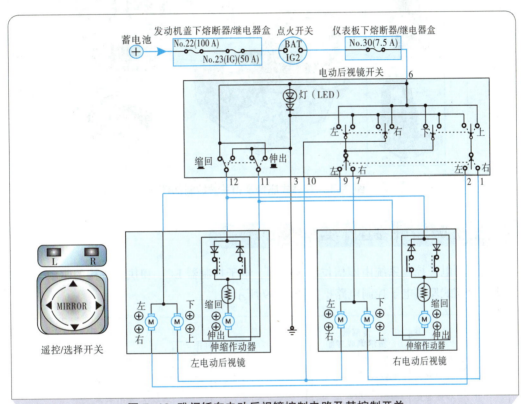

图 7-46 雅阁轿车电动后视镜控制电路及其控制开关

五、电动座椅

1. 电动座椅的基本结构

电动座椅又称动力座椅（见图 7-47），可非常轻松、方便地对汽车座椅的前后、靠背的角度以及头枕的高度等做电动调节，使驾驶员和乘客的座椅获得理想的位置。电动座椅按运动方向分类，包括只能做前后移动的两向移动座椅，除能前后移动外还可以升降的四向移动座椅以及除具有四向移动座椅功能外，座椅前部和后部还有能分别升降的六向移动座椅。电

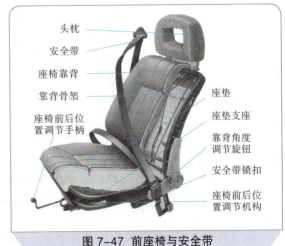

图 7-47 前座椅与安全带

动座椅调节装置由前后滑动调节机构、前垂直调节机构（驾驶员座椅）、后垂直调节机构、靠背调节机构、腰部支撑调节机构、头枕调节机构以及开关电路等组成。

现在的轿车大多有存储功能，驾驶员的坐姿、后视镜的位置等被存入控制器，以便下次调节时控制器控制各部件自动复位到存入的最佳状态。图7-48所示为存储式座椅及相关被控制部件。

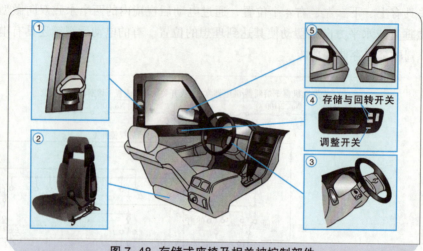

图7-48 存储式座椅及相关被控制部件

2. 自动座椅的电子控制系统电路原理

自动座椅的电子控制系统由座椅位置传感器、电子控制器ECU和执行机构的驱动电动机三大部分组成。存储式座椅电子控制电路框如图7-49所示。

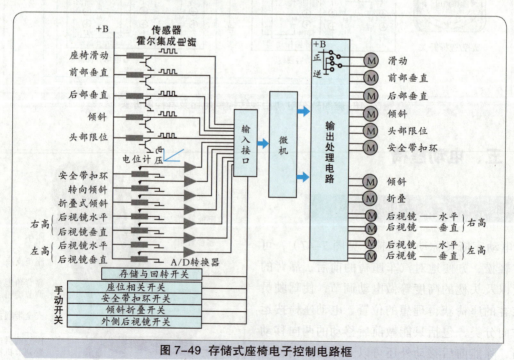

图7-49 存储式座椅电子控制电路框

位置传感器部分包括座椅位置传感器、后视镜位置传感器、安全带扣环传感器以及方向盘倾斜传感器等；ECU 包括输入接口、微机 CPU 和输出处理电路等；执行机构主要包括执行座椅调整、后视镜调整、安全带扣环以及方向盘倾斜调整等微电动机。这些微电机可灵活地进行正、反转，以执行各种装置的调整功能。另外，该系统还备有手动开关，当手动操作此开关时，各驱动电动机电路也可接通，输出转矩而进行各种调整。

带驾驶姿势存储功能的电动座椅控制电路如图 7-50 所示。

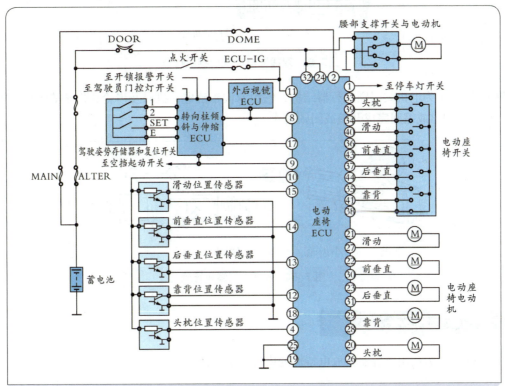

图 7-50 带驾驶姿势存储功能的电动座椅控制电路

六、中央门锁

中央门锁系统：当驾驶员侧的车门锁住或打开时，其他几个门（包括后车门或行李仓）都能同时自动锁住或打开，而不必像过去那样必须对各个门进行单独操作。同时，乘客仍可利用车门的机械式弹簧锁开关车门。

中央门锁系统一般由门锁执行器（闭锁器）、连杆操纵机构、控制器和控制开关等组成。

1. 门锁执行器

门锁执行器用于拨动车门门锁装置的锁扣，使门开锁或闭锁，常用的有电磁式和电机式两种。

图 7-51 所示为双线圈电磁式门锁执行器的结构原理，分别对锁门线圈和开门线圈进行通电即可使门闭锁和开锁。

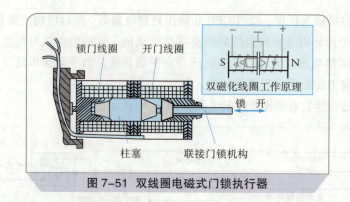

图 7-51 双线圈电磁式门锁执行器

图 7-52 所示为电机式门锁执行器结构，它由双向永磁电动机以及齿轮和齿条等组成，电动机旋转带动齿条伸出或缩回完成开锁或闭锁动作。

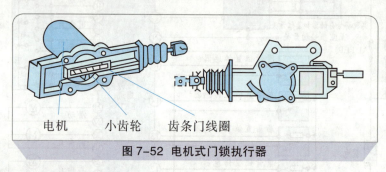

图 7-52 电机式门锁执行器

2. 中央门锁控制电路

图 7-53 所示为利用电容器充放电特性的中央门锁系统电路。

（1）电容器控制的中央门锁系统电路的工作原理

转动车钥匙开门时，开关与两个 10μF 的电容器触点接触，电容器放电，电流通过开门继电器使相应的触点闭合，蓄电池电流经过热敏断路器，开门继电器触点闭合，给开门磁化线圈通电，车门处于打开状态；当转动车钥匙锁门时，开关转到锁门位置，这时锁门继电器工作，其触点闭合，锁门磁化线圈通电，车门处于锁止状态。无论车门是锁还是开，电容器放完电后，车门仍保持原有状态。

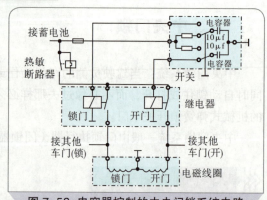

图 7-53 电容器控制的中央门锁系统电路

图 7-54 所示为桑塔纳 2000 型轿车中央门锁控制电路图，其采用电机式门锁执行器。

（2）桑塔纳 2000 型轿车中央门锁控制电路的工作原理

将左前门门锁提钮压下，门锁控制开关第 2 位触点被接通。由于提钮压下的过程中，门锁控制开关附带的控制触点 K 被短暂闭合，继电器 J53 使其触点闭合。这时 A 路电源经熔断丝，并通过 J53 的闭合触点及门锁控制开关 6 与触点 4 结合至中控门锁内部电源线 P2，与此同时，电源的负极经门锁控制开关 5 与触点 2 结合至中控门锁内部电源线 P1。门锁电动机 V30、V31 和 V32 反转，带动各门锁闭锁。1～2 s 后，J53 控制其已闭合的触点断开，从而切断了为门锁电动机供电的 A 路电源，电动机停转，并一直保持此状态。

若将左前门门锁操纵提钮拔起，门锁控制开关位触点被断开，第 1 位触点闭合。在这一过程中，集控开关附带的控制触点 S 又被短暂闭合，从而使 J53 的触点再次闭合 1～2 s。这时 A 路电源经 J53 的闭合触点和门锁控制开关 6 与触点 3 结合加至内部电源线 P1，而电源的负极经门锁控制开关 5 与触点 1 结合至内部电源线 P2。内部电源的供电电压极性改变，门锁电动机 V30、V31 和 V32 正转，带动各自的门锁开启。1～2 s 后，J53 控制其已闭合的触点断开，门锁电动机停转。

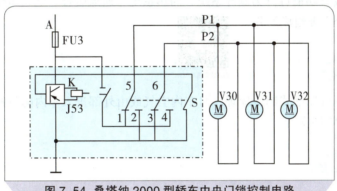

图 7-54 桑塔纳 2000 型轿车中央门锁控制电路

任务四 汽车空调系统

一、空调系统的组成

汽车空调系统按其功能可分为制冷系统、加热系统、通风装置、空气净化系统、加湿装置和操纵控制系统等几个主要组成部分。

1. 制冷系统

制冷系统采用蒸气压缩式制冷原理，对车内空气或由外部进入车内的新鲜空气进行冷却或除湿，使车内空气变得凉爽舒适。

2. 加热系统

加热系统采用热水式加热装置，利用发动机冷却水给车内空气或由外部进入车内的新鲜空气加热，以达到取暖、除湿的目的。在冬天还可以给前风挡玻璃除霜、除雾。

3. 通风装置

离心式鼓风机将外部新鲜空气吸进车内，对车内空气进行置换，以达到制冷、加热及通风的功效。通风装置除鼓风机外，还有滤清器、进风口、风道及出风口。

4. 空气净化系统

空气净化系统可以除去车内空气中的尘埃、臭味，使空气清洁，净化空气简单的方法是在通风口处加装灰尘滤清器。先进的轿车上还装有空气质量传感器，当空气质量不良时，使初步过滤的气流再通过活性炭阀门，进一步净化。

5. 加湿装置

在气温较低时，加湿装置对车内空气加湿，使车内空气相对湿度达到40%~50%。

6. 操纵控制系统

该系统主要由电气元件、真空机构和操纵机构组成。一方面对制冷系统、加热系统的温度和压力进行控制并进行安全保护，同时对车内空气温度、风量及出风方向进行控制。自动空调系统就是指操纵控制系统自动化。

空调系统在车上的布置如图 7-55 所示，暖风与空调系统部件如图 7-56 所示。

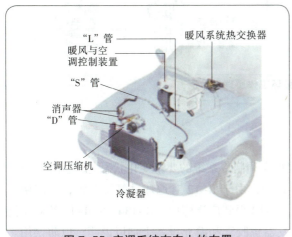

图 7-55 空调系统在车上的布置

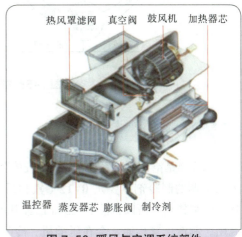

图 7-56 暖风与空调系统部件

空调器总成：将蒸发器、暖风散热器、离心式风机、操纵机构、进风罩和壳体等组装在一起，布置在车内仪表板下方。

二、空调制冷系统

空调制冷系统的类型多种多样，但是空调制冷系统一般以压缩机和节流装置为分界点，分为高压液体侧和低压气体侧，而且所有汽车制冷系统一般由压缩机、冷凝器、储液干燥器（集液器）、节流装置（膨胀阀或膨胀管）和蒸发器等部件组成，如图 7-57 所示，其工作原理如图 7-58 所示。

这些部件通过空调专用管路相连接，制冷剂在这些装置和管路中进行制冷循环，实现热量交换。

制冷循环的四个阶段分别为制冷剂的压缩、冷凝、膨胀和蒸发。

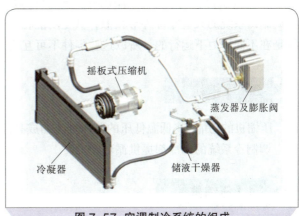

图 7-57 空调制冷系统的组成

课题七 汽车电器

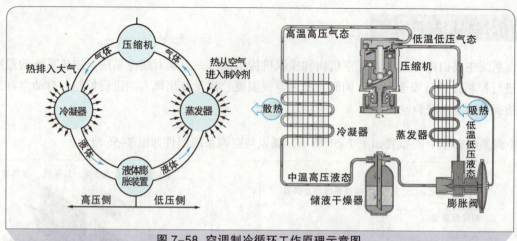

图 7-58 空调制冷循环工作原理示意图

1. 制冷剂

制冷剂是空调制冷系统中的"热载体",它可根据空调制冷系统的要求变化状态,实现制冷循环。车用空调的制冷剂主要是 R-12（氟利昂）和 R-134a,由于 R-12 对地球臭氧层有害,在使用上基本已被禁止,所以目前 R-134a 已经基本替代了 R-12 得到广泛应用。R-134a 和 R-12 绝对不能混用,制造厂家也通常会在压缩机、冷凝器、蒸发器橡胶管和灌充设备上加以说明,以防误用。制冷剂的容器外观如图 7-59 所示。

如果制冷剂受到异物污染,应该使用空调专用回收设备排空空调系统的制冷剂,并使用真空泵抽真空,经制冷剂的回收和再循环等处理后可以重新使用。R-12 和 R-134a 空调制冷系统使用的相关维修工具、回收再循环设备以及软管等均不能混用。

R-134a 空调制冷系统与 R-12 空调制冷系统使用不同的干燥剂、润滑油、软管、O 形圈、密封圈以及其他零件,这些零件与 R-12 空调制冷系统的某些零件外形相似,甚至功能相同,但这两种系统是在不同压力下运行的,所以这些零件不可互换。

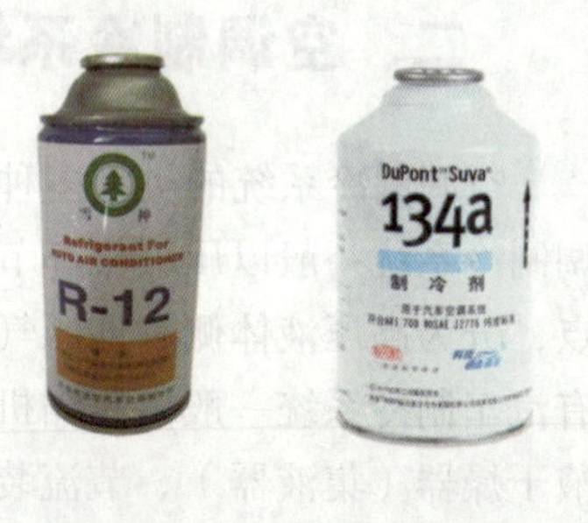

2. 压缩机

压缩机的功能:将低温低压的制冷剂压缩成高温高压的蒸气,为空调制冷系统的制冷剂提供循环动力。

图 7-59 制冷剂的容器外观

（1）压缩机

压缩机（见图 7-60）是空调系统的心脏,输送和压缩制冷剂蒸气,保证制冷循环的正常进行。现代汽车使用的压缩机有数百种型号和构造,如斜盘式压缩机、摇板式压缩机、三角转子压缩机、涡旋式压缩机等。目前,一般采用容积式压缩机,主要可归为三类:活塞式、旋转叶片式和涡流式。

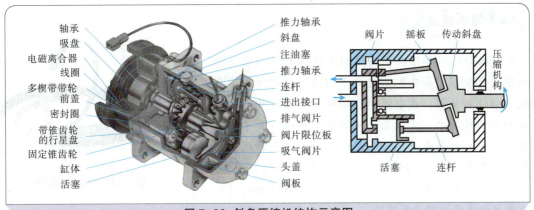

图 7-60 斜盘压缩机结构示意图

（2）压缩机离合器

压缩机离合器（见图 7-61）根据需要通断压缩机的动力，是压缩机带轮组件的一部分，主要由压板、转子和定子组成。更换压缩机时，可将原离合器总成安装在新的压缩机上。

图 7-61 压缩机离合器分解图

电磁离合器的工作原理：空调压缩机一般由曲轴皮带驱动，通过安装在压缩机转动轮上的电磁离合器来接通和切断动力的传动。电磁离合器由电磁线圈、皮带轮、压盘、轴承等元件组成。皮带轮通过皮带与发动机曲轴前端的驱动轮相连，作为压缩机动力的输入部分。电磁线圈固定在压缩机前端的皮带轮内部。压盘通过弹簧与压盘毂相连，压盘毂与压缩机输入轴通过平键相连。当电磁线圈不通电时，在弹簧张力的作用下，压盘与压缩机皮带轮之间保留一定的空隙，皮带轮在皮带的作用下空转。电磁线圈通电后，线圈产生的强大吸引力克服弹簧的张力，将压盘紧紧地吸合在皮带轮的端面上，皮带轮通过压盘带动压缩机输入轴一起转动，使压缩机工作。

（3）压缩机传动带

驱动空调压缩机的传动带有 V 形带和蛇形带两种，如图 7-62 所示。这两种类型的传动带有几种不同的尺寸型号，替换时应与原件完全一样。如果压缩机和导向轮由两根 V 形带驱动，则这两根传动带必须是成对匹配的，若其中一根失效，则要同时更换两根。

（4）冷冻机油

压缩机的运动部件在运转过程中必须对运动零件进行润滑以免磨损，冷冻机油就用于润滑这些部件及整个系统密封件和垫圈，在空调制冷系统工作的过程中会有少量的机油被制冷剂带到系统中循环，这样有利于膨胀阀处于良好的工作条件。如果空调制冷系统内的机油发出强烈的气味，则表明冷冻机油已经不纯，需要进行更换，更换时注意系统使用的制冷剂类型。在更换机油的同时还应更换储液干燥器或集液器。

图 7-62 压缩机传动带

选用何种等级和型号的冷冻机油取决于压缩机制造商的规定和系统内制冷剂的类型。由于制冷剂泄漏而造成冷冻机油的损耗可采用一次性罐装有压机油来补充。冷冻机油容器外观如图 7-63 所示。

图 7-63 冷冻机油容器外观

3. 冷凝器

冷凝器的作用：将压缩机排出的高温高压制冷剂气体转变为高温高压制冷剂液体，同时将制冷剂从蒸发器吸收的能量和压缩机做功的能量散发到大气中。

冷凝器按结构形式的不同可分为管片式、管带式和平行流式，如图 7-64 所示。管带式比管片式传热效率高，而平行流式冷凝器是为适应 R-134a 制冷剂而研制的新型冷凝器，突破了前两者的局限，传热效率更高。

冷凝器在正常的使用情况下不易损坏，但为了保证冷凝器散热良好，一般将其布置在汽车前部、侧部以及下部，而这些部位比较容易被脏物覆盖，容易腐蚀蛇形管和翅片，影响其散热，所以应经常清洗。

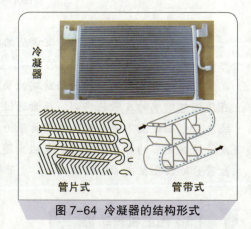

图 7-64 冷凝器的结构形式

4. 膨胀阀和膨胀管

膨胀阀是汽车空调中的关键部件之一，它主要起着节流降压和调节制冷剂流量的作用。膨胀阀可分为恒温膨胀阀（见图 7-65）和 H 型膨胀阀（见图 7-66）两种。

图 7-65 恒温膨胀阀

图 7-66 H 型膨胀阀

膨胀阀与膨胀管的结构特点如下：

1）H 型膨胀阀

H 型膨胀阀结构紧凑，使用可靠，维修方便，价格低廉，得到了广泛应用。

2）恒温膨胀阀

恒温膨胀阀又分为内调式和外调式两种。内调式只能在空调系统安装之前调整，其优点是尺寸较小，结构紧凑，适于批量生产；外调式可根据情况随时调节，但尺寸和质量较大。二者不可互换使用，且不要自行调节膨胀阀。恒温膨胀阀由阀体、感温包、平衡管三部分组成。

3）膨胀管

膨胀管结构简单，可靠性好，价格便宜，应用广泛，但它不能根据工况变化调节制冷剂流量。膨胀管根据使用情况尺寸有所不同，其节流元件堵塞会导致膨胀管失效，即使清理堵塞，膨胀管的节流效果也不理想。所以，膨胀管一旦失效，通常都是直接换件，而且集液器一般也要同时更换。

5. 蒸发器

（1）蒸发器的作用

蒸发器将通过膨胀阀的低压、低温液态制冷剂膨胀蒸发为气态，吸收车厢内的热量，降低车内空气的温度。

蒸发器不是易损件，但容易发生"冰堵"现象。"冰堵"现象是指制冷系统内的残留水分过多，制冷剂循环过程中，水分被冻结在温度很低的毛细管出口处，逐渐形成"冰塞"，使制冷剂不能循环流动，所以应注意对制冷系统的维护。蒸发器实物如图 7-67 所示。

图 7-67 蒸发器

（2）蒸发器按结构分类

1）管片式蒸发器

管片式蒸发器由套有铝翅片的铜质或铝质圆管组成，其结构简单、制造方便，但热交换效率低。

2）管带式蒸发器

管带式蒸发器由双面复合铝材以及多孔扁管材料制成，热交换效率比管片式高。

3）层叠式蒸发器

层叠式蒸发器由夹带散热铝带的两片铝板叠加而成，其结构紧凑、热交换效率高，采用 R-134a 制冷剂的空调普遍采用这种类型的蒸发器。

6. 储液干燥器或集液器

储液干燥器简称储液器，安装在冷凝器和膨胀阀之间；集液器用于有膨胀管的系统中，装在蒸发器出口和压缩机进口之间。储液干燥器和集液器结构如图 7-68 所示。

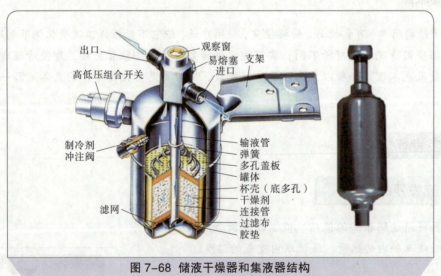

图 7-68 储液干燥器和集液器结构

储液干燥器的作用是暂时储存从冷凝器流出的液态制冷剂，滤除制冷剂中的杂质，吸收制冷剂中的水分。储液干燥器的干燥剂失效，滤网或过滤布堵塞，一般无法维修，只能更换整个储液干燥器，而且只要空调系统中的主要部件（如冷凝器、蒸发器等）更换或维修，就必须更换储液干燥器。

集液器的功能是收集多余的液态制冷剂，防止这些制冷剂进入压缩机，对压缩机造成损坏。

7. 软管和管接头

制冷系统采用柔性橡胶软管连接，空调软管中间是橡胶软管，两端铆有金属接头。汽车上较常用的软管是尼龙软管和耐氟氯丁橡胶软管。前者比后者耐压，耐爆裂强度高。空调通常有三种软管：低压软管、高压软管和液体管路。其中低压软管的管径最大，液体管路管径最小。耐氟橡胶软管的编号有 #6、#8、#10、#12 四种，编号越小内径越小。

空调软管的更换：只要更换空调软管，就必须使用与原软管同样耐爆裂强度和内径的软管。只要更换空调管路，就必须用相同形状、相同长度和直径的管路来代替。

空调系统的管接头大多是由带防氧化层的钢或铝合金制成的。如果发现管接头损坏，则应更换整个管路或软管。

8. 压力开关

在空调制冷系统中一般设有压力保护开关，有高压保护和低压保护两种。实现这种保护功能的元件是高压开关和低压开关或者高低压组合开关。压力开关如图 7-69 所示。

① 高压开关：防止空调制冷系统在异常高的压力下工作。
② 低压开关：使压缩机在制冷剂不足的情况下不空转。
③ 高低压组合开关：既可进行低压压力控制，也可进行高压压力控制。

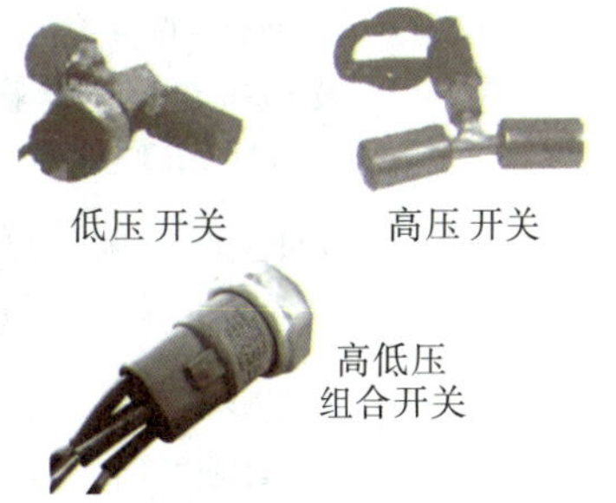

图 7-69 压力开关

三、空调暖风系统

汽车空调暖风系统的主要功能：汽车空调暖风系统将在较低温度下行驶的汽车车厢温度调节到舒适的温度，另外还起到车上玻璃除霜的作用。

汽车空调暖风系统按热量的来源可以分为余热式和独立式，余热式暖风系统按照取暖介质的不同可以分为水暖式和气暖式。柴油发动机的汽车一般利用排气管的热量实现采暖，即气暖式暖风系统。客车一般采用独立热源式采暖系统，有一个独立的加热器。现代轿车和一些货车广泛采用余热水暖式暖风装置，也就是通过热交换器将发动机冷却水的热量传给空气送出暖风，在这里我们主要介绍余热水暖式暖风系统。余热水暖式暖风装置的工作原理如图 7-70 所示，暖风系统分解如图 7-71 所示。

暖风机根据其结构可分为两种：一种是与空调制冷系统的蒸发器分开的单独暖风机，常用于手动空调的车辆；另一种是和空调制冷系统蒸发器放在一个壳体内，共用一个鼓风机，两者之间用一个阀门分开的整体空调器，常用于自动空调的车辆。

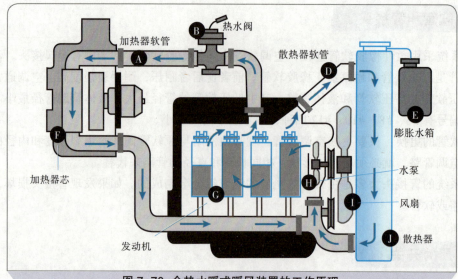

图 7-70 余热水暖式暖风装置的工作原理

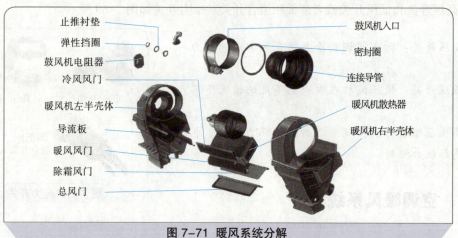

图 7-71 暖风系统分解

1. 热水阀

热水阀又称冷却液控制阀，装在发动机冷却液通往加热器的前面，用来控制进入加热器芯的发动机冷却液流量。热水阀如图 7-72 所示。

热水阀既可由缆线操纵，也可由真空阀操纵。热水阀的主要损坏形式是渗漏、阀门失效等。更换热水阀时应注意检查软管接头，如有损坏，应一起更换。

图 7-72 热水阀

2. 加热器和鼓风机

加热器和鼓风机组成一体，称为暖风机，它是空调暖风系统的主要零件，暖风系统提供的热量就是在这里产生。加热器、电阻器和鼓风机如图 7-73 所示。

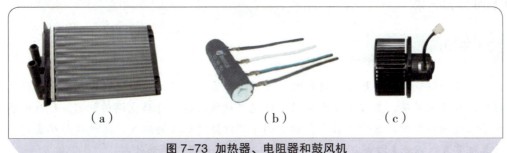

图 7-73 加热器、电阻器和鼓风机
（a）加热器；（b）电阻器；（c）鼓风机

（1）加热器芯结构特点

加热器芯用来加热通过它周围的空气，加热器芯体结构类似蒸发器，也可分为管翅式和管带式两种，由管子和散热片等零件构成，其材料一般为铜质和铝质。加热器芯一般不容易损坏，其最常见的故障是泄漏。

（2）鼓风机结构特点

鼓风机用于吸入外界新鲜空气或车内再循环空气，由电动机和风扇组成。电动机可以有一个轴或两个轴。有些电动机是可逆的，但大多数是不可逆的。更换电动机时，其转向必须与原电动机相同。

四、空调调节和通风系统

汽车空调调节和通风系统的功能：汽车空调调节和通风系统将被制冷系统或暖风系统制冷或加热的空气调节到适宜的温度，并把它们输送和分配到车厢内。

1. 空调调节系统

空调调节系统按照调节模式的不同，可分为手动（或手动/半自动）调节和自动调节。

（1）手动调节系统

手动调节系统具有零部件少、维修方便、价格低等优点，常见于中低档及经济型轿车、轻微型客货车中。

手动调节系统根据操纵机构的不同，可分为拉绳式操纵机构和真空式操纵机构，拉绳式操纵机构空调系统的温度、风道等调节都是通过调节控制键带动其后连接的拉绳来实现的。

手动调节系统不能将车内温度控制在最舒适的范围内。空调的温度、风速等调节是车内乘员根据车内环境情况随时通过手动调节控制面板的各种按钮或旋钮等来实现的。手动调节系统的控制面板如图7-74所示。

（2）自动调节系统

目前，自动调节系统按照控制模式的不同可以分为电控气动式和微机控制式。由于近年来微电脑技术的迅速发展，电控气动式自动空调逐渐被微机控制自动空调所取代，现代的轿车采用的几乎都是微机控制式自动空调。自动空调为了维持所选择的温度，通过热传感器把信号传递给计算机装置，以此来控制压缩机、热水阀、鼓风机和风门的动作。

自动调节系统的作用是自动调节空调的输出温度，以将车内的温度控制在设定的范围，只需要在车内使用自动空调控制面板进行设定即可。自动调节系统的控制面板如图7-75所示。

图7-74 手动调节系统的控制面板

图7-75 自动调节系统的控制面板

典型的电子控制系统包含冷却液温度传感器、车内温度传感器、外界温度传感器、高侧温度开关、低侧温度开关、低压开关、太阳热负荷传感器以及动力转向切断开关，这些传感器或开关失效或有故障，将直接影响自动空调的正常工作，应及时进行更换。

2. 空调通风系统

空调通风系统的主要功能如下：
①将调节好的、适宜温湿度的空气输送并分配到车厢内。
②将外界空气导入车内，保持车内空气的新鲜、清洁。
③保持车内气压略大于外界气压，以防外界空气不经空调系统直接进入车内。

（1）空气通风管道

空气通风管道（见图7-76）是新鲜空气进入车内和车内空气排出车内的通道。一般汽车空调多采用薄钢板、铝合金板、镀锌薄钢板或塑料（聚氯乙烯）板制造。新型汽车空调系统还有的采用玻璃纤维板风道或内外两层金属壳中间夹隔热材料的隔热风道。风道的形状不规则，主要有矩形和圆形两种截面，客车多采用矩形风道。

（2）花粉过滤器

花粉过滤器（见图7-77）的作用是减少细菌和灰尘颗粒通过空调暖风系统进入乘客舱。花粉过滤器装在蒸发器壳体内，应定期进行更换，以保证进入车内的空气清洁。

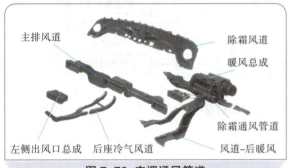

图7-76 空调通风管道

图7-77 花粉过滤器

五、自动空调控制系统

汽车自动空调控制系统是指根据设置在车内外的各种温度传感器（车内温度、大气温度、日照强度、空调蒸发器温度、发动机冷却水温度等）的输入信号，由电子控制电路中的微电脑进行平衡温度的运算，对进气转换风扇、送气转换风门、混合风门、水阀、加热继电器、压缩机以及鼓风机等进行自动控制，按照驾驶员或乘客的要求，使车厢内的温度、湿度等保持在最适当或最佳状态。

1. 自动空调控制系统的组成

自动空调控制系统主要由冷气、热风、送风、操作和控制等部分组成。控制系统的组成可用图7-78的方框图来表示，它主要由三个部分构成，即各种输入信号电路、微电脑构成的电子控制系统、各种执行机构。工作时，微电脑接收有关控制的输入信号并进行运算，然后发出驱动各执行机构的输出信号。

（1）输入信号

①车内温度传感器、车外环境温度传感器、阳光辐射温度传感器等各种传感器传来的信号。

②驾驶员设定的温度信号、选择功能信号。
③由电位计检测出空气混合风门的位置信号。

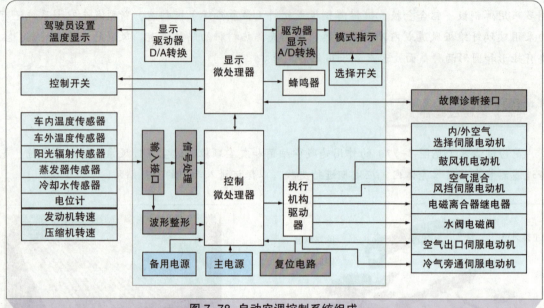

图 7-78 自动空调控制系统组成

（2）输出信号

①为驱动各种风门，必须向真空开关阀（VSV）和复式真空阀（DVV）或伺服电动机输送的信号。
②为了调节风量，必须向鼓风机电动机输送的调节的电压信号。
③向压缩机输送的开停信号。

2. 自动空调控制系统的功能

（1）空调控制

空调控制包括温度自动控制、风量控制、运转方式给定的自动控制、换气量控制等，满足车内空调对舒适性的要求。

（2）节能控制

节能控制包括压缩机运转控制、换气量的最适量控制以及随温度变化的换气切换、自动转入经济运行、根据车内外温度自动切断压缩机电源等。

(3) 故障、安全报警

故障、安全报警包括制冷剂不足报警、制冷压力高出或低出报警、离合器打滑报警、各种控制器件的故障判断报警等。

(4) 故障诊断存储

汽车空调系统发生故障，微电脑将故障部位用代码的形式存储起来，在需要修理时指示故障的部位。

(5) 显示

显示内容包括显示给定的温度、控制温度、控制方式、运转方式的状态等。

自动空调利用各种传感器检测车内外温度变化，并把检测信号输入空调ECU，ECU按预先编制的程序对信号进行处理，并通过伺服电动机等执行元件不断对风机转速、出风温度、送风方式及压缩机工作状态等进行自动调节，使车内温度、空气湿度及流动状况始终保持在设定水平，且具有自诊断功能。自动空调系统如图7-79所示。

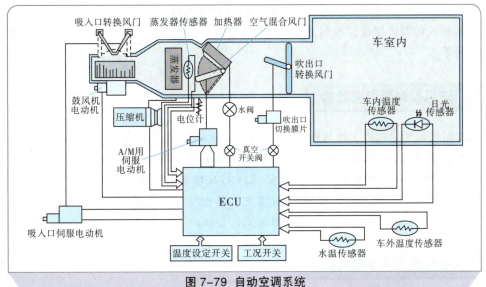

图7-79 自动空调系统

(6) 车内外温度传感器

车内温度传感器一般装在仪表板下、前保险杠右下端。它们是负温度系数的热敏电阻，其作用是检测车内外温度变化，并将检测信号输入空调ECU。

（7）光照传感器

光照传感器采用光敏二极管，装在前风挡玻璃下，该传感器利用光电效应原理把日光照射量转换为电信号输入空调ECU。

（8）蒸发器出口温度传感器

蒸发器出口温度传感器用来检测蒸发器出口温度变化，以控制车内温度。温度控制器把温度传感器检测的信号与温度调节电位器的信号在空调ECU内加以比较，确定对电磁离合器供电或断电。

（9）水温传感器

水温传感器装在暖风器芯底部水道内，其将检测结果送入空调ECU，用于控制低温时鼓风机转速。

（10）空调ECU

空调ECU的作用是：对传感器输入的信号进行分析、比较、计算，向执行元件发出指令，接通所需电路，使伺服电动机转动，按功能选择键的输入指令，打开所需出风口风门，调节出风温度；按输入的预设温度，控制温度风门位置；按输入气源门的空气来源，指令气源门伺服电动机工作等。

（11）进风控制伺服电动机

进风控制伺服电动机用于控制进风方式。按键选择在"车外新鲜空气导入"或"车内空气循环"模式时，空调ECU即控制进风伺服电动机通过连杆带动进风挡风板闭合或开启，以改变进风方式。伺服电动机内装有电位计，可随时向空调ECU反馈电动机活动触点（即进风挡风板）位置。按键选在"自动控制"模式时，空调ECU首先计算出所需出风温度，并根据计算结果自动改变进风伺服电动机转动方向，从而实现进风方式的自动调节。

（12）空气混合伺服电动机

空气混合伺服电动机用于改变空气混合挡风板开启角度，以改变冷、暖空气的混合比例。电动机内电位计可向空调ECU输送空气混合挡风板位置信号。

（13）送风方式控制伺服电动机

送风方式控制伺服电动机用于控制送风方式。按下控制面板上某送风方式，空调ECU即使电动机上的相应端子接地，电动机带动连杆转动，将送风控制挡风板转到相应位置，打开某个送风通道。按下自动控制键，空调ECU根据计算（送风温度），在吹脸、吹脸脚和吹脚三者之间自动改变送风方式。

3. 自动空调控制系统的工作过程与原理

（1）控制过程

在自动空调系统中，驾驶员或乘客用温度设置开关设定所需的车内温度，ECU通过检测实际车内温度、太阳辐射量、车外温度、发动机冷却水温度等信息，计算出吹入车内空气所需要的温度，选择所需要的空气量，然后控制空气混合入口、水阀、进出气口转换挡板等，以使车内温度保持最佳，并将控制结果显示在仪表板上。

（2）温度调节过程

自动空调系统调节温度的过程是：先在吸气口吸入一定量的空气，这部分空气在蒸发器内通过热交换并被冷却，同时被干燥，然后使一部分冷却、干燥的空气通过空气混合入口送入加热器加热，剩余的冷空气直接送入混合室，与从加热器过来的空气相混合。经过混合处理后的空气通过空气出口吹进车内，直至使车内温度达到设定值。

（3）自动控制内容

自动空调一般根据车内外环境完成以下控制（自动空调控制原理结构如图7-80所示）：
①通过调节空气混合风挡的角度来控制空气输出口温度。
②通过调节鼓风机电动机的速度控制空气流动。
③通过选择冷或热气口、内部或外部气口控制空气进出；通过控制电磁离合器的开关实现对压缩机的控制。

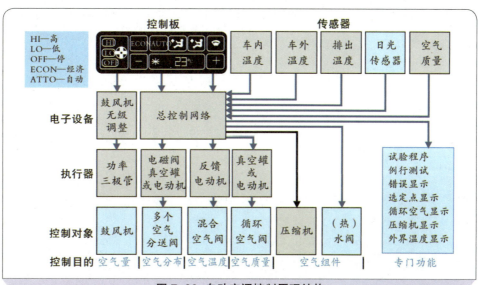

图7-80 自动空调控制原理结构

① 加速自动控制装置

加速自动控制装置的作用是：在汽车加速或超车时，切断电磁离合器线圈电路，使压缩机停转，以利于汽车加速。

② 怠速自动调整装置

怠速自动调整装置的作用是：当发动机怠速运转又需要制冷系统工作时，自动加大油门开度以增大发动机输出功率。怠速自动调整装置的工作过程如图7-81所示。

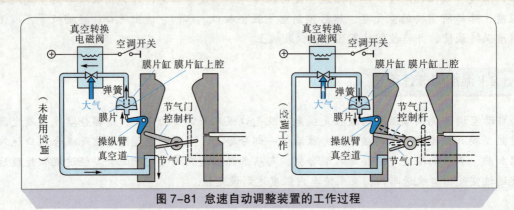

图7-81 怠速自动调整装置的工作过程

任务五　汽车音响系统

一、音响的组成

汽车音响系统主要由信号设备、放大器、扬声器系统组成。

1. 信号设备

信号设备包括收音机、磁带放音机和CD唱机。

（1）收音机

收音机是无线电波接收装置，专门接收广播节目。一般接收的信号有调幅和调频两种，调幅又分中波和短波。现常用的为调频收音机。

（2）磁带放音机

磁带放音机本身不带功率放大器和扬声器，用于盒式磁带的放音。磁带放音机一般由机芯、电动机、磁头，以及放音降噪电路、自动选曲电路等组成。

（3）CD唱机

CD（Compact Disc）唱机又称激光唱机，激光唱机具有优异的电声指标，其信噪比和动态范围远远优于传统的电唱机。激光唱机具有自动选曲、程序重放、遥控操作等功能。激光唱片不易磨损，曲目丰富，是汽车音响的重要组成部分。

2. 放大器

放大器的作用是：将各种节目信号进行电压放大和功率放大，然后推动扬声器发出声音。放大器的组成包括前置放大器、功率放大器和环绕声放大器。

（1）前置放大器

前置放大器又称前级放大器，它连接信号源及控制信号的开关，并对各种节目进行必要的处理和电压放大。前置放大器与信号源之间还要设置各种均衡电路，用于实现前、后级的阻抗匹配和频率补偿。

（2）功率放大器

功率放大器主要对前置放大器送来的电信号进行不失真的电流和电压放大，形成强有力的信号去推动扬声器发声。

（3）环绕声放大器

环绕声能使听众更具有临场感，使人在欣赏音乐时有被声音围绕的感觉。

环绕声放大器主要包括以下两部分：

1）环绕声处理电路

它利用信号延迟方法产生环绕声效果。前方音箱重放正面声源，而环绕处理电路输出经过延迟的环绕信号，以产生一种音乐厅堂的混响效果。

2）环绕声放大器

环绕声放大器的作用是带动环绕声扬声器发声。由于环绕声放大器模拟反射声来产生环绕声效果，故其频响一般不需要很宽，功率也不需要过大。

3. 扬声器系统

扬声器系统主要指主扬声器、环绕扬声器等，是汽车音响系统的终端。主扬声器通常由低音扬声器、中音扬声器、高音扬声器和分频网络组成。一般环绕声只重放 7 kHz 以下的反射声，故只需一只中低音扬声器即可。

二、汽车音响解码技术

1. 丰田凌志轿车音响防盗系统的设置、取消和锁止的解码操作程序

（1）设置防盗系统

①将点火开关处于 ACC 位置，将音响关闭。

②按下左边"1"键和右边的"6"键,再按"PWR.VOL"键,直到显示屏上显示"SEC"为止。

③先按"TUNE/SEEK"键,再按"1"键,音响放音功能指示符号将显示在显示屏上。

④重复按"1""2"键和"3"键,即可输入欲设置的3位数字的密码。如设置的密码为420,则必须按"1"键5次,"2"键3次,"3"键1次。

⑤密码数字显示后,按下"SCAN"键,直到显示"SEC"为止。当"SEC"自行消失后,防盗系统即已设置成功。

如果按错键,在显示"SEC"之前,显示屏上便显示"Err"。此时,应从第3步重新操作。防盗系统一经设置,点火开关处于OFF位置时,防盗指示灯将亮起。点火开关转至ACC位置时,显示屏上将显示"SEC"。

若由于某种原因需要更换密码,则必须取消防盗系统的密码设置,重新设置新的密码。

(2)取消防盗系统

①按"设置防盗系统"的步骤操作一次。

②密码显示后,按下"SCAN"键,直到显示"…"为止。"…"自行消失,表明防盗系统已被取消。如果按错键,"Err"和"SEC"将陆续显示,这时必须从设置防盗系统的第3步重新开始操作。

课题小结

1. 介绍蓄电池的结构与工作原理。
2. 介绍易熔线、熔断器的结构及熔断器的检查方法。
3. 介绍继电器的概念、分类及在汽车上的应用。
4. 介绍发电机的结构与工作原理。
5. 介绍起动机的结构与工作原理。
6. 介绍汽车照明装置、汽车信号报警系统及汽车仪表系统。
7. 介绍电动刮水器、风窗玻璃洗涤器、电动车窗、电动后视镜、电动座椅、中央门锁的结构与工作原理。
8. 介绍汽车空调的组成及汽车制冷系统、空调暖风系统、自动空调的结构与工作原理。
9. 介绍汽车音响的组成与工作原理及汽车音响解码技术的应用。

简答题：

1. 简述汽车照明系统的组成与作用。
2. 简述间歇式电动刮水器的工作原理。
3. 简述电动车窗防夹装置的工作原理。
4. 电动座椅主开关是如何控制座椅前后左右移动的？
5. 简述空调的制冷原理。